AF825786

Artikel 1 Absatz 1 GG

»Die Würde des Menschen ist unantastbar. Sie zu achten und zu schützen ist Verpflichtung aller staatlichen Gewalt.«

VERFASSUNG VERSTEHEN

DAS GRUNDGESETZ
in
INFOGRAFIKEN

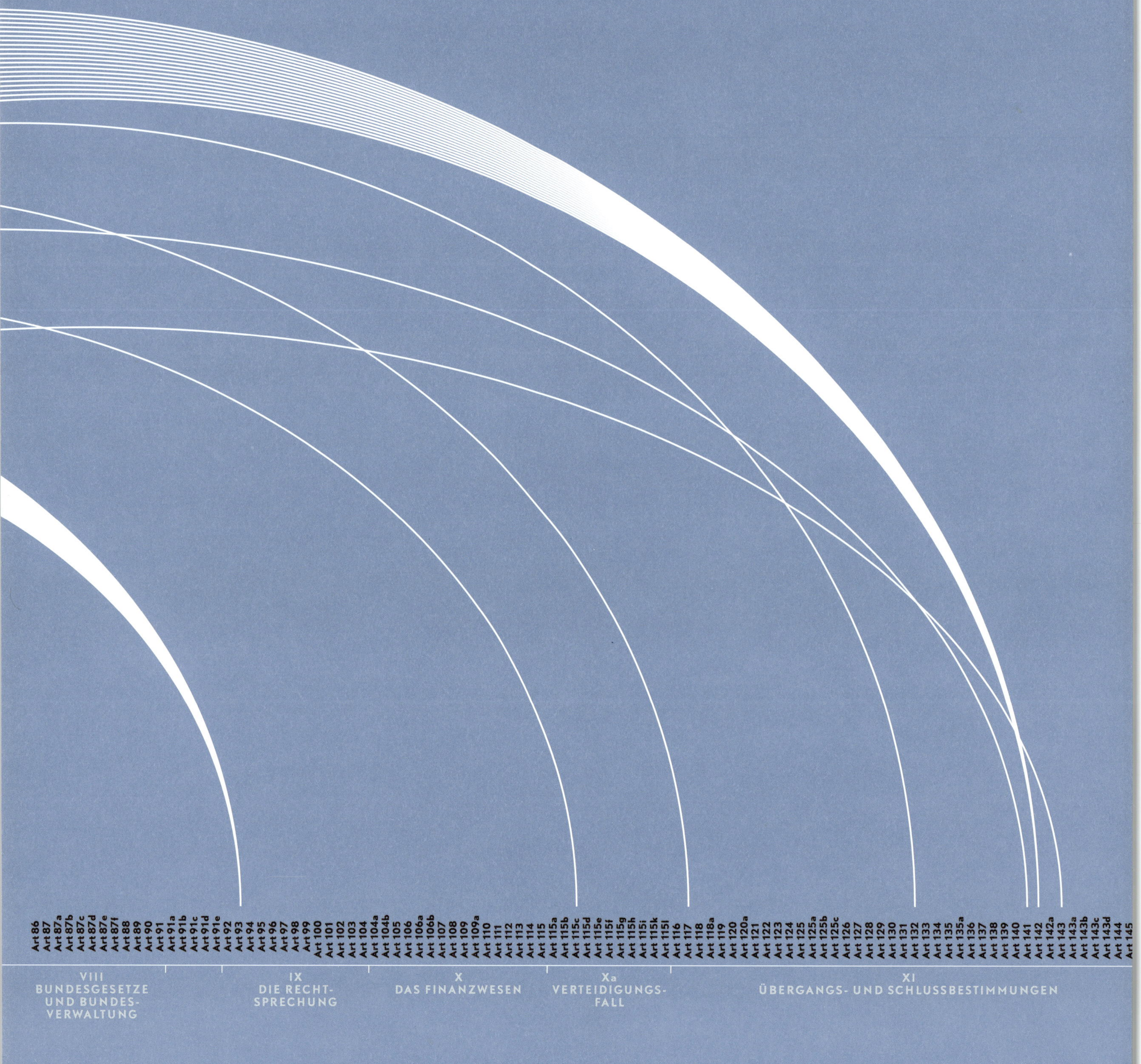
Art 86
Art 87
Art 87a
Art 87b
Art 87c
Art 87d
Art 87e
Art 87f
Art 88
Art 89
Art 90
Art 91
Art 91a
Art 91b
Art 91c
Art 91d
Art 91e
Art 92
Art 93
Art 94
Art 95
Art 96
Art 97
Art 98
Art 99
Art 100
Art 101
Art 102
Art 103
Art 104
Art 104a
Art 104b
Art 105
Art 106
Art 106a
Art 106b
Art 107
Art 108
Art 109
Art 109a
Art 110
Art 111
Art 112
Art 113
Art 114
Art 115
Art 115a
Art 115b
Art 115c
Art 115d
Art 115e
Art 115f
Art 115g
Art 115h
Art 115i
Art 115k
Art 115l
Art 116
Art 117
Art 118
Art 118a
Art 119
Art 120
Art 120a
Art 121
Art 122
Art 123
Art 124
Art 125
Art 125a
Art 125b
Art 125c
Art 126
Art 127
Art 128
Art 129
Art 130
Art 131
Art 132
Art 133
Art 134
Art 135
Art 135a
Art 136
Art 137
Art 138
Art 139
Art 140
Art 141
Art 142
Art 142a
Art 143
Art 143a
Art 143b
Art 143c
Art 143d
Art 144
Art 145
VIII
BUNDESGESETZE UND BUNDESVERWALTUNG
IX
DIE RECHTSPRECHUNG
X
DAS FINANZWESEN
Xa
VERTEIDIGUNGSFALL
XI
ÜBERGANGS- UND SCHLUSSBESTIMMUNGEN

MIKE HOFMAIER

Verfassung verstehen

DAS GRUNDGESETZ *in* INFOGRAFIKEN

VERLAG HERMANN SCHMIDT MAINZ

1 DOKUMENT
64 JAHRE
211 ÄNDERUNGEN [1]

»Will you still need me, will you still feed me, when I'm sixtyfour?« [2]

Wir genießen das Leben im Schutz einer freiheitlich-demokratischen Grundordnung oder nehmen es für selbstverständlich. Wir alle wissen von der Existenz des Grundgesetzes, die meisten von uns aber haben es seit dem Sozialkundeunterricht in der Mittel- oder Oberstufe nicht mehr in der Hand gehabt. Stimmt's?

Wir zumindest waren überrascht, als wir unter den zum *ADC Nachwuchswettbewerb* eingereichten Arbeiten ***Formation GG***, eine visuelle Analyse der deutschen Verfassung entdeckten. **Überrasche! Überzeuge!** Diese Grundsätze erfolgreicher Kommunikation gelten nicht nur für Wettbewerbsjurys,[3] sondern auch für die Eroberung von Verlegerherzen.

Also kramten wir das Grundgesetz hervor und lasen. Dachten an die Länder des Arabischen Frühlings, die Situation in Syrien, an Myanmar, Nordkorea und andere Länder der Welt, in denen die Menschen davon träumen, vor dem Gesetz gleich zu sein, ihre Meinung in Wort, Schrift und Bild frei äußern und verbreiten zu dürfen und davon, dass alle Staatsgewalt vom Volke ausgeht.

Und neben dem Grundgesetz lag die Diplomarbeit von ***Mike Hofmaier*** und erschloss den Gesetzescode neu. Seine **Infografiken** erleichtern Nicht-Juristen den Zugang zu den Artikeln der Verfassung, sie erleichtern das Verständnis des **Entstehungsprozesses** und der **Entwicklung** des Gesetzestextes und regen zur Auseinandersetzung damit an.

Ein Vorteil verlegerischer Unabhängigkeit ist es, dass wir bei anhaltender (und von »Testpersonen« geteilter) Begeisterung für ein Projekt in einem Fachverlag für Typografie und visuelle Kommunikation einen Titel wie *Verfassung verstehen* veröffentlichen können.

Ein Vorteil anhaltender Begeisterung ist es, dass diese ansteckt und motiviert …

→ *Mike Hofmaier* dazu, seiner herausragenden Arbeit den letzten Schliff zu verleihen.

→ *Dr. Karl-Peter Winters*, den wir baten, einen fachlich-kritischen Blick auf das Projekt zu werfen, motivierte es gleich zu Marketingtipps, für die wir danken.

→ ***Bundesminister a.D. Rainer Brüderle*** war bereit, uns zuliebe einen dicken Briefumschlag durch Eis und Schnee zu tragen und persönlich zu übergeben: an die ***Bundesministerin der Justiz, Frau Sabine Leutheusser-Schnarrenberger***.

Ansteckende Begeisterung. Und eine Empfehlung von allerhöchster Stelle. Für all das ist jeder Dank zu klein und dieses Vorwort zu kurz. Dennoch: *DANKE! DANKE!*

Wir freuen uns, wenn Sie beim Blättern und Schauen dieses Buches wie wir den Gesetzestext daneben legen und ihn bewusst lesen. Wir Kreativen machen uns zu selten bewusst, dass die in der Verfassung verankerten Grundsätze die Voraussetzung dafür sind, dass wir unsere **Zukunft gestalten** können. Und dass es in unserer Macht, vielleicht auch in unserer **Verantwortung** liegt, diese Freiheit zu sichern. Mike Hofmaier tut dies im vorliegenden Buch in beispielhafter Form.

Viel Freude beim Entdecken, Verstehen, Nach- und Weiterdenken wünschen

Karin & Bertram Schmidt-Friderichs

1 – ANZAHL DER EINZELÄNDERUNGEN. SIEHE: MENZENBACH, STEFFI / ROBBE, PATRIZIA / KUHN, LENA / WILCKE, KAROLIN: »60 Jahre Grundgesetz – Zahlen und Fakten«. Deutscher Bundestag, Wissenschaftlicher Dienst. 2009. S. 5. URL: http://www.bundestag.de/dokumente/analysen/2009/60_Jahre_Grundgesetz.pdf vom: 09.02.2013

2 – AM 23. MAI 2013 WIRD DAS GRUNDGESETZ 64 JAHRE ALT. Und auch wenn die Beatles vermutlich damals nicht die deutsche Verfassung meinten, kann die Antwort heute nur ein klares »JA« sein.

1 VERFASSUNG
21.000 WÖRTER
82.000.000 ADRESSATEN

In Guter Verfassung

Ein Buch mit dem Umfang eines Magazins[4] ist die Grundlage einer staatlichen Ordnung. Ein Buch, das zu Beginn meiner Recherche gerade mal einen facebook-Nutzer zu einem *»like«* animierte, garantiert 82.000.000 Menschen die Menschenwürde. Das **Grundgesetz** *(kurz: GG)* ist die anerkannte Verfassung der **Bundesrepublik Deutschland**. Wenn auch nicht sichtbar, so regelt es doch das gesamte öffentliche Leben im Stillen. Es ist das rechtliche und wertende Fundament, das uns trägt, ohne dass wir es bewusst wahrnehmen.

Die Verfassung trug ab 1949 nicht nur zur wirtschaftlichen Stabilisierung einer jungen, vom Krieg gezeichneten Nation bei, sondern legte zudem die Grundlage für ein neues, **demokratisches und humanes Wertesystem**, nachdem der Nationalsozialismus menschliches Leben entwertet hatte. Das Grundgesetz hat sich seither nicht nur für West- und heute Gesamtdeutschland bewährt, sondern gilt für viele Verfassungsentwürfe neu entstehender junger Demokratien als Vorbild. Doch kämpfen derzeit immer noch viele Nationen, wie diejenigen des Arabischen Frühlings, um ihre demokratische Selbstbestimmung und eine stabile Grundordnung.

In seiner Formulierung wendet sich das Grundgesetz vom Pathos ab, das noch die Rhetorik der Nationalsozialisten bestimmte. Es ist nüchtern und klar formuliert, umfassend und präzise, ohne jeden Belang bis ins kleinste Detail zu regeln. Und dennoch ist es von hohen Werten wie der Menschenwürde geprägt, die nie mehr infrage gestellt werden darf.

Verfassung verstehen – das Grundgesetz in Infografiken ist ein visuelles Begleitbuch zum deutschen Grundgesetz. Dabei sind die grafischen Darstellungen tief in der Thematik verwurzelt. Sie übertragen das kodierte Gesetz in eine klare visuelle Sprache und machen die unsichtbaren Strukturen und Dynamiken des Grundgesetzes sichtbar. Während der Gesetzestext **Schärfe im Detail** schafft, ermöglicht die Informationsgrafik den **Überblick**. Dieses Begleitbuch baut eine Brücke zwischen der abstrakten Gesetzessprache und dem Leser, der sich intensiver mit der deutschen Verfassung beschäftigen möchte, ohne Fachliteratur hinzuziehen zu müssen. Fachleuten und Politikern bietet es des Weiteren einen neuen Blick auf ein vermeintlich bekanntes Thema.

Das Begleitbuch zum Grundgesetz analysiert, entschlüsselt und beschreibt das Verfassungsdokument vor dem Hintergrund einer wechselhaften und ereignisreichen **Entstehungs- und Änderungsgeschichte** von der Nachkriegszeit bis in die Gegenwart. *Verfassung verstehen* dokumentiert, wie sich das Grundgesetz mit seinen Aufgaben wandelte, auch wenn einige Ergänzungen hoch umstritten waren. Abschließend mündet es in die satzgenaue Einteilung der **Grundrechte**, die jedem Einzelnen zustehen.

Verfassung verstehen ist im wörtlichen Sinn ein Begleitbuch zum deutschen Grundgesetz. Es möchte nicht ausschließlich informieren und inspirieren, sondern ein **Bewusstsein** für die zukünftigen Veränderungen einer kostbaren Verfassung schaffen, die nicht als Selbstverständlichkeit angesehen werden sollte. Das Grundgesetz eröffnet uns die **Freiheiten**, unsere Gesellschaft aktiv mitzugestalten.

Mike Hofmaier

---

3 – **ALLE AUSZEICHNUNGEN VON »FORMATION GG«:**
TDC BEST IN SHOW. Type Directors Club New York, TDC 58
TDC BEST IN SHOW STUDENT. Type Directors Club New York, TDC 58
REDDOT BEST OF THE BEST. reddot communication design student award 2012
JOSEPH BINDER AWARD. Bronze, Designaustria
ADC BRONZE. Art Director's Club Deutschland Nachwuchswettbewerb, 2012
DDC AWARD. Gute Gestaltung 2013, Deutscher Designer Club
EUROPEAN DESIGN AWARD FINALIST 2013. Student Category, Aussicht auf Medaillenrang

4 – **UMFANG VON:** fluter, Magazin der Bundeszentrale für politische Bildung, Nr. 29 / Winter 2008. Wortzähler aus Word, gerundet: 21.000 Wörter

I. AUFBAU
DES GRUNDGESETZES

II. ENTSTEHUNG
EINES PROVISORIUMS

I. AUFBAU

Das *erste Kapitel* entblättert die unterschiedlichen Schichten des Grundgesetzes. Es vermittelt einen Eindruck vom Aufbau der Verfassung **vom Großen zum Kleinen**: von der Einteilung der einzelnen *Kataloge* und *Artikel* bis hin zur kleinsten Ebene, dem *Halbsatz.*

II. ENTSTEHUNG

Das Grundgesetz ist nicht vom Himmel gefallen. Im zerstörten und geteilten Nachkriegsdeutschland wurde das Dokument in einem langen Prozess erhofft, erstritten und erarbeitet. Was zunächst als **Übergangslösung** vorgesehen war, gilt heute als Verfassung mit Vorbildcharakter.

III. ÄNDERUNGEN

EINER VERFASSUNG

IV. GRUNDRECHTE

DIE MENSCHEN- UND BÜRGERRECHTE

III. ÄNDERUNGEN

Das Grundgesetz wurde nicht in Stein gemeißelt, sondern passte sich den **gesellschaftlichen** und **politischen Veränderungen** an. Das *dritte Kapitel* beschreibt die bedeutendsten, teils hoch umstrittenen Eingriffe in das Verfassungsdokument und deren Auswirkungen auf seine heutige Form.

IV. GRUNDRECHTE

Die **Grundrechte** haben im Grundgesetz eine herausragende Stellung eingenommen. Sie bieten dem Einzelnen rechtliche Mittel gegenüber der Staatsgewalt. Das *vierte Kapitel* zeigt, in welche Kategorien sich die Grundrechte einteilen lassen und wie sich der Einzelne darauf berufen kann.

I.
AUFBAU
DES GRUNDGESETZES

GRUNDGESETZ
FÜR DIE
BUNDESREPUBLIK
DEUTSCHLAND

GRUNDGESETZ
FÜR DIE BUNDESREPUBLIK
DEUTSCHLAND

BESCHLOSSEN
VOM PARLAMENTARISCHEN RAT IN BONN
AM 8. MAI 1949

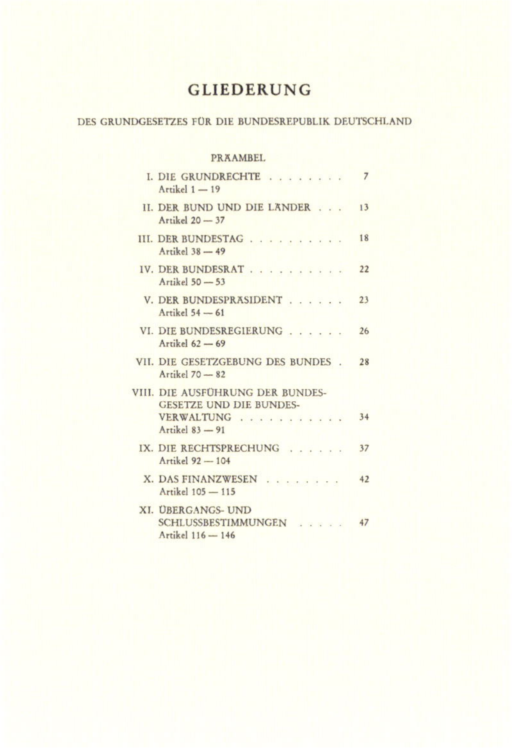

GLIEDERUNG

DES GRUNDGESETZES FÜR DIE BUNDESREPUBLIK DEUTSCHLAND

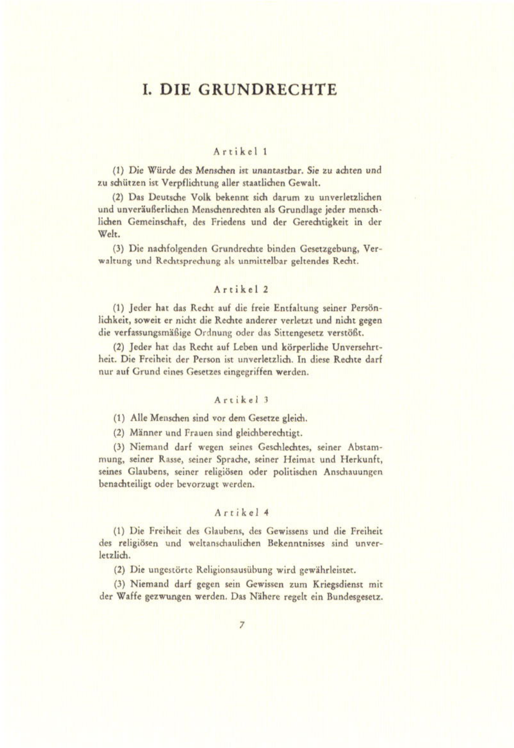

I. DIE GRUNDRECHTE

Artikel 1

(1) Die Würde des Menschen ist unantastbar. Sie zu achten und zu schützen ist Verpflichtung aller staatlichen Gewalt.

(2) Das Deutsche Volk bekennt sich darum zu unverletzlichen und unveräußerlichen Menschenrechten als Grundlage jeder menschlichen Gemeinschaft, des Friedens und der Gerechtigkeit in der Welt.

(3) Die nachfolgenden Grundrechte binden Gesetzgebung, Verwaltung und Rechtsprechung als unmittelbar geltendes Recht.

Artikel 2

(1) Jeder hat das Recht auf die freie Entfaltung seiner Persönlichkeit, soweit er nicht die Rechte anderer verletzt und nicht gegen die verfassungsmäßige Ordnung oder das Sittengesetz verstößt.

(2) Jeder hat das Recht auf Leben und körperliche Unversehrtheit. Die Freiheit der Person ist unverletzlich. In diese Rechte darf nur auf Grund eines Gesetzes eingegriffen werden.

Artikel 3

(1) Alle Menschen sind vor dem Gesetze gleich.

(2) Männer und Frauen sind gleichberechtigt.

(3) Niemand darf wegen seines Geschlechtes, seiner Abstammung, seiner Rasse, seiner Sprache, seiner Heimat und Herkunft, seines Glaubens, seiner religiösen oder politischen Anschauungen benachteiligt oder bevorzugt werden.

Artikel 4

(1) Die Freiheit des Glaubens, des Gewissens und die Freiheit des religiösen und weltanschaulichen Bekenntnisses sind unverletzlich.

(2) Die ungestörte Religionsausübung wird gewährleistet.

(3) Niemand darf gegen sein Gewissen zum Kriegsdienst mit der Waffe gezwungen werden. Das Nähere regelt ein Bundesgesetz.

7

Artikel 5

(1) Jeder hat das Recht, seine Meinung in Wort, Schrift und Bild frei zu äußern und zu verbreiten und sich aus allgemein zugänglichen Quellen ungehindert zu unterrichten. Die Pressefreiheit und die Freiheit der Berichterstattung durch Rundfunk und Film werden gewährleistet. Eine Zensur findet nicht statt.

(2) Diese Rechte finden ihre Schranken in den Vorschriften der allgemeinen Gesetze, den gesetzlichen Bestimmungen zum Schutze der Jugend und in dem Recht der persönlichen Ehre.

(3) Kunst und Wissenschaft, Forschung und Lehre sind frei. Die Freiheit der Lehre entbindet nicht von der Treue zur Verfassung.

Artikel 6

(1) Ehe und Familie stehen unter dem besonderen Schutz der staatlichen Ordnung.

(2) Pflege und Erziehung der Kinder sind das natürliche Recht der Eltern und die zuvörderst ihnen obliegende Pflicht. Über ihre Betätigung wacht die staatliche Gemeinschaft.

(3) Gegen den Willen der Erziehungsberechtigten dürfen Kinder nur auf Grund eines Gesetzes von der Familie getrennt werden, wenn die Erziehungsberechtigten versagen oder wenn die Kinder aus anderen Gründen zu verwahrlosen drohen.

(4) Jede Mutter hat Anspruch auf den Schutz und die Fürsorge der Gemeinschaft.

(5) Den unehelichen Kindern sind durch die Gesetzgebung die gleichen Bedingungen für ihre leibliche und seelische Entwicklung und ihre Stellung in der Gesellschaft zu schaffen wie den ehelichen Kindern.

Artikel 7

(1) Das gesamte Schulwesen steht unter der Aufsicht des Staates.

(2) Die Erziehungsberechtigten haben das Recht, über die Teilnahme des Kindes am Religionsunterricht zu bestimmen.

(3) Der Religionsunterricht ist in den öffentlichen Schulen mit Ausnahme der bekenntnisfreien Schulen ordentliches Lehrfach. Unbeschadet des staatlichen Aufsichtsrechtes wird der Religionsunterricht in Übereinstimmung mit den Grundsätzen der Religionsgemeinschaften erteilt. Kein Lehrer darf gegen seinen Willen verpflichtet werden, Religionsunterricht zu erteilen.

8

II. DER BUND UND DIE LÄNDER

Artikel 20

(1) Die Bundesrepublik Deutschland ist ein demokratischer und sozialer Bundesstaat.

(2) Alle Staatsgewalt geht vom Volke aus. Sie wird vom Volke in Wahlen und Abstimmungen und durch besondere Organe der Gesetzgebung, der vollziehenden Gewalt und der Rechtsprechung ausgeübt.

(3) Die Gesetzgebung ist an die verfassungsmäßige Ordnung, die vollziehende Gewalt und die Rechtsprechung sind an Gesetz und Recht gebunden.

Artikel 21

(1) Die Parteien wirken bei der politischen Willensbildung des Volkes mit. Ihre Gründung ist frei. Ihre innere Ordnung muß demokratischen Grundsätzen entsprechen. Sie müssen über die Herkunft ihrer Mittel öffentlich Rechenschaft geben.

(2) Parteien, die nach ihren Zielen oder nach dem Verhalten ihrer Anhänger darauf ausgehen, die freiheitliche demokratische Grundordnung zu beeinträchtigen oder zu beseitigen oder den Bestand der Bundesrepublik Deutschland zu gefährden, sind verfassungswidrig. Über die Frage der Verfassungswidrigkeit entscheidet das Bundesverfassungsgericht.

(3) Das Nähere regeln Bundesgesetze.

Artikel 22

Die Bundesflagge ist schwarz-rot-gold.

Artikel 23

Dieses Grundgesetz gilt zunächst im Gebiete der Länder Baden, Bayern, Bremen, Groß-Berlin, Hamburg, Hessen, Niedersachsen, Nordrhein-Westfalen, Rheinland-Pfalz, Schleswig-Holstein, Württemberg-Baden und Württemberg-Hohenzollern. In anderen Teilen Deutschlands ist es nach deren Beitritt in Kraft zu setzen.

13

Der Parlamentarische Rat hat das vorstehende Grundgesetz für die Bundesrepublik Deutschland in öffentlicher Sitzung am 8. Mai des Jahres Eintausendneunhundertneunundvierzig mit dreiundfünfzig gegen zwölf Stimmen beschlossen. Zu Urkunde dessen haben sämtliche Mitglieder des Parlamentarischen Rates die vorliegende Urschrift des Grundgesetzes eigenhändig unterzeichnet.

BONN AM RHEIN, den 23. Mai des Jahres Eintausendneunhundertneunundvierzig.

PRÄSIDENT DES PARLAMENTARISCHEN RATES

I. VIZEPRÄSIDENT DES PARLAMENTARISCHEN RATES

II. VIZEPRÄSIDENT DES PARLAMENTARISCHEN RATES

Der Staatspräsident des Landes Baden:

der Ministerpräsident des Landes Bayern:

der Senatspräsident der Hansestadt Bremen:

der 1. Bürgermeister der Hansestadt Hamburg:

der Ministerpräsident des Landes Hessen:

der Ministerpräsident des Landes Niedersachsen:

der Ministerpräsident des Landes Nordrhein-Westfalen:

der Ministerpräsident des Landes Rheinland-Pfalz:

der Ministerpräsident des Landes Schleswig-Holstein:

der Ministerpräsident des Landes Württemberg-Baden:

der Ministerpräsident des Landes Württemberg-Hohenzollern:

Bonn: Das Grundgesetz für die Bundesrepublik Deutschland wurde am 23. Mai 1949 von seinen Entwerfern, den Mitgliedern des sogenannten »Parlamentarischen Rates«, verkündet. Die hier abgebildete Originalkopie (Faksimile) von 1949 mit rotem Kunstledereinband enthält die Unterschriften aller 65 Ratsmitglieder, die des späteren Bundeskanzlers Konrad Adenauer und die der elf Ministerpräsidenten der westdeutschen Bundesländer.

ABBILDUNGEN: KONRAD ADENAUER STIFTUNG (2009): »Grundgesetz Faksimile«. Fassung von 1949. URL: http://www.kas.de/upload/dokumente/2009/05/GG_Faksimile.pdf vom: 09.02.2013

DER UMFANG
DES GG

VERGLEICH MIT ANDEREN SCHRIFTSTÜCKEN

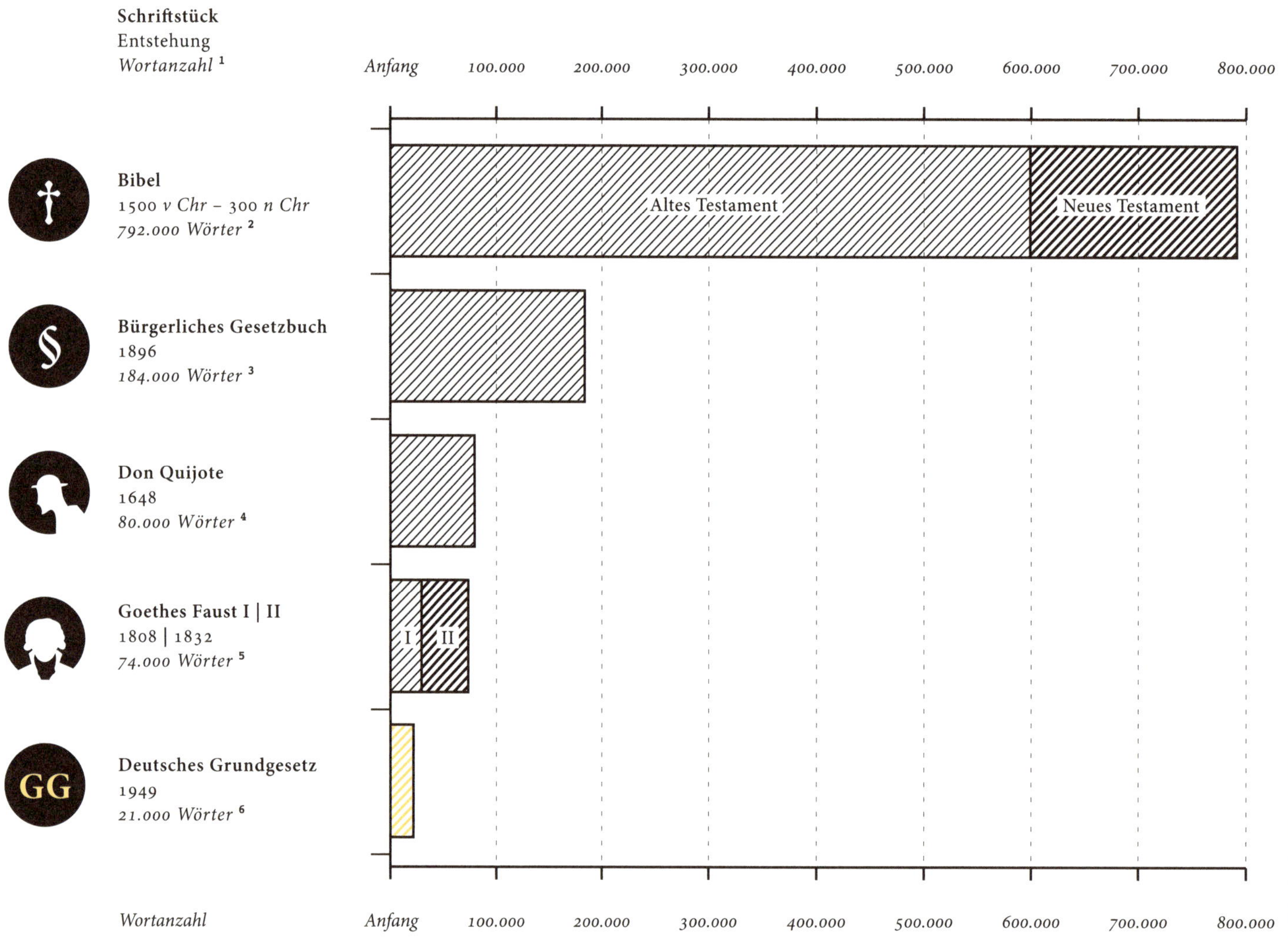

1 – **MESSUNG WORTMENGEN MIT MICROSOFT WORD WORTZÄHLER:** Bei der Messung können Ungenauigkeiten entstanden sein. Die Ergebnisse wurden gerundet. Das Textvolumen macht keine Aussage über die Bedeutung und die Wertigkeit eines Dokuments.

2 – **WORTMENGE: »DIE BIBEL«.** Elberfelder Übersetzung (1905). Wuppertal: Brockhaus Verlag. Auf: Gemeinde Kahal. URL: http://www.kahal.de/k-bibel.htm vom: 18.03.2013

3 – **WORTMENGE: »BÜRGERLICHES GESETZBUCH (BGB)« (1896).** Stand: 20.2.2013. Bundesministerium der Justiz. URL: http://www.gesetze-im-internet.de/bgb/BJNR001950896.html vom: 18.03.2013

4 – **WORTMENGE: DE CERVANTES, MIGUEL (1648):** »Don Kichote de la Mantzscha«. Frankfurt: Götze, Thomas (Hrsg.). Auf: Wikisource Portal Community. URL: http://de.wikisource.org/wiki/Don_Kichote_de_la_Mantzscha vom: 18.03.2013

5 – **WORTMENGE. BEIDE: VON GOETHE, JOHANN.** Tübingen: J. G. Cotta. Auf: Wikisource Portal Community. (1808): »Faust - Der Tragödie erster Teil«. URL: http://de.wikisource.org/wiki/Faust_I vom: 18.03.2013 / (1832): »Faust - Der Tragödie zweiter Teil«. URL: http://de.wikisource.org/wiki/Faust_-_Der_Tragödie_zweiter_Teil vom: 18.03.2013

6 – **WORTMENGE: »GRUNDGESETZ FÜR DIE BUNDESREPUBLIK DEUTSCHLAND« (1949).** letzte Änderung: 11.07.2012. Stand: 26.11.2012. Auf: Deutscher Bundestag. URL: http://www.bundestag.de/bundestag/aufgaben/rechtsgrundlagen/grundgesetz/gg.html vom: 08.02.2013

7 – **SIEHE: DREIER, HORST (2009):** »Das Grundgesetz - eine Verfassung

Die Verfassung Deutschlands
Das Grundgesetz *(kurz: GG)* ist die anerkannte Verfassung der **Bundesrepublik Deutschland**. Obwohl sie zunächst als Übergangsordnung vorgesehen war, besaß sie von Beginn an sämtliche Merkmale einer vollständigen Verfassung.[7] Seit 1949 bildet das Grundgesetz das Fundament einer **demokratischen, sozialen** und **rechtsstaatlichen Bundesrepublik**. Mit der Wiedervereinigung dehnte sich ihr Geltungsbereich auf die »*Neuen Länder*« aus.

Was ist eine Verfassung?
Eine Verfassung ist die **rechtliche** und **organisatorische Grundordnung** eines Staates. Sie legt die Form und Funktion der obersten Staatsorgane und deren Verhältnis zueinander fest. Die Verfassung ist das höchstrangige Rechtsdokument einer Gemeinschaft und enthält die **Rechte** und **Pflichten** der Bürger.[8] Die deutschen Bundesländer besitzen aufgrund ihres Staatscharakters eigene **Landesverfassungen**, die dennoch mit der Bundesverfassung konform sein müssen.

VERGLEICH MIT ANDEREN VERFASSUNGEN

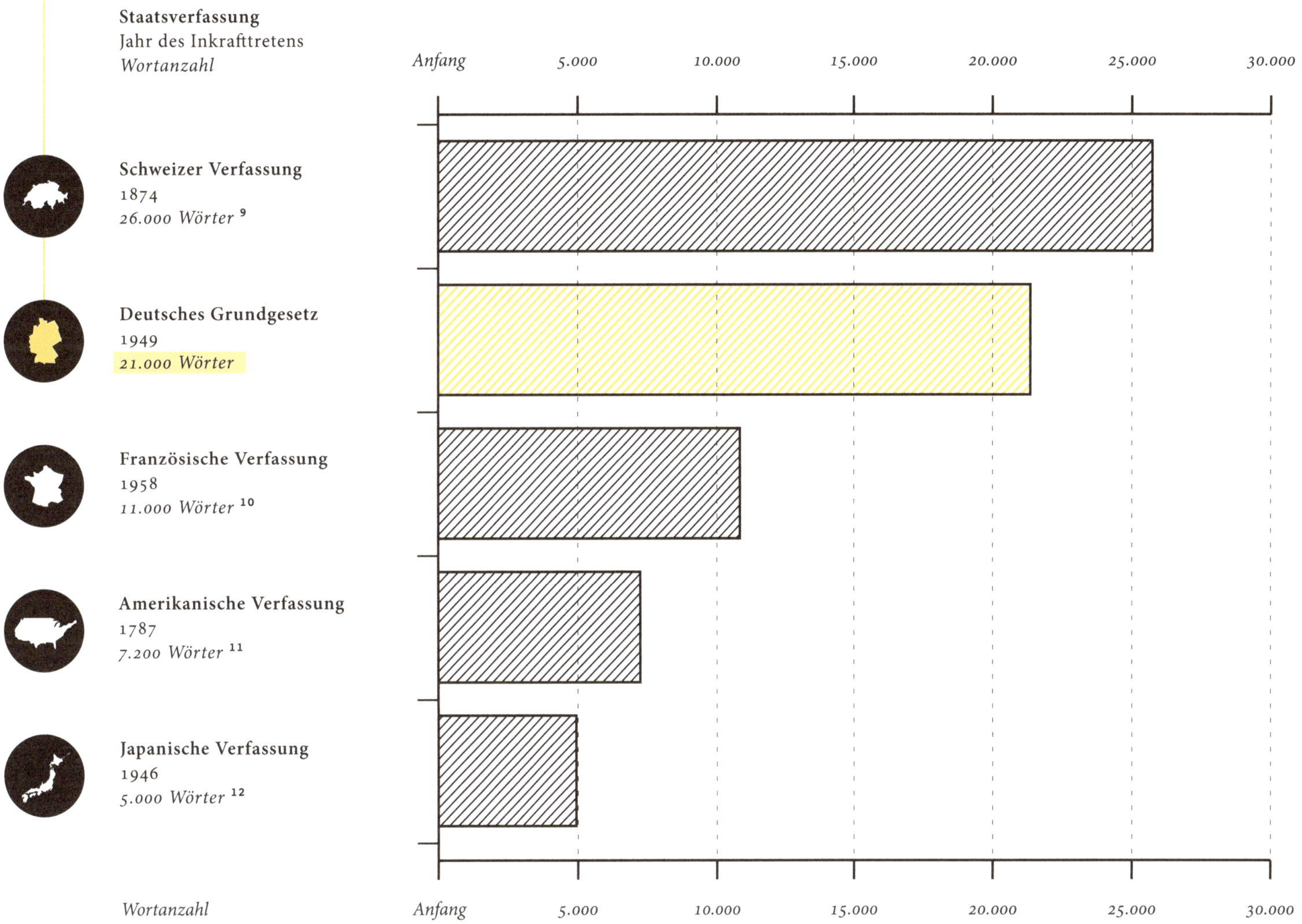

auf Abruf?«. Auf: Bundeszentrale für politische Bildung. URL: http://www.bpb.de/apuz/32023/das-grundgesetz-eine-verfassung-auf-abruf?p=all vom: 30.03.2013

8 – SIEHE: SARCEVIC, EDIN: »GRUNDLAGEN VON STAAT UND VERFASSUNG«. Universität Leipzig. http://www.uni-leipzig.de/~eurlaw/eurlaw/images/stories/materialien/verfassung-staat-2011/arbeitsblatt-5.pdf vom: 28.03.2013

9 – WORTMENGE: »BUNDESVERFASSUNG DER SCHWEIZERISCHEN EIDGENOSSENSCHAFT«. Stand: 01.01.2011. Die Bundesbehörden der Schweizer Eidgenossenschaft (1999). URL: http://www.admin.ch/ch/d/sr/c101.html vom: 18.03.2013

10 – WORTMENGE: »FRANZÖSISCHE VERFASSUNG« (1958). Deutsche Übersetzung. Neufassungen: 21.07.2008. Auf: Assemblée Nationale. URL: http://www.assemblee-nationale.fr/deutsch/8cb.asp vom: 18.03.2013

11 – WORTMENGE: »CONSTITUTION OF THE UNITED STATES OF AMERICA«. Stand: 05.05.1992. Diplomatische Vertretungen der USA. Deutsche Übersetzung. Auf: Wikisource Portal Community. URL: https://de.wikisource.org/wiki/Verfassung_der_Vereinigten_Staaten_von_Amerika vom: 18.03.2013

12 – WORTMENGE: »THE CONSTITUTION OF JAPAN«. Englische Übersetzung. Auf: Prime Minister of Japan and his Cabinet (1946). URL: http://www.kantei.go.jp/foreign/constitution_and_government_of_japan/constitution_e.html vom: 18.03.2013

ÜBERSICHT DER KATALOGE

Das Grundgesetz des Bundesrepublik Deutschland wird durch eine **Präambel** *(Vorwort)* eingeleitet. Der **Grundrechtekatalog** *(Abschnitt I)* ist allen Regelungen der Staatsorganisation vorangestellt. Der nachfolgende *Abschnitt II (Art. 20 - 37)* enthält die **Grundprinzipien** der bundesdeutschen Demokratie. Die *Abschnitte III-VI* definieren die fünf Verfassungsorgane, insbesondere **Bundestag** und **Bundesregierung**. *Abschnitt VII* bestimmt den Ablauf der Gesetzgebung des Bundes *(Art. 70 - 82)*. In den *Abschnitten VIII* und *VIIIa* werden die Ausführung der Bundesgesetze, die Bundesverwaltung *(Art. 83 - 91)* und die Gemeinschaftsaufgaben *(Art. 91a, 91b)* geregelt. *Abschnitt IX* betrifft die **dritte Gewalt** im Staat, die Rechtsprechung *(Art. 92 - 104)*. Die grundlegenden Regeln des Finanzwesens *(Art. 104a - 115)* und der Landesverteidigung *(Art. 115a - 115l)* sind in den *Abschnitten X* und *Xa* festgehalten. *Abschnitt XI* legt die Übergangs- und Schlussbestimmungen *(Art. 116 - 146)* fest.[1] Im Anhang des Grundgesetzes befinden sich die weiterhin geltenden Artikel der **Weimarer Reichsverfassung** von 1919, die **Religionsartikel** *(Art. 136 - 141 WRV)*.[2]

Grundgesetz	Präambel			Präambel
	Grundrechte		I	Die Grundrechte
	Staatsorganisation	Grundsätze	II	Der Bund und die Länder
		Bundesorgane	III	Der Bundestag
			IV	Der Bundesrat
			IVa	Gemeinsamer Ausschuss
			V	Der Bundespräsident
			VI	Die Bundesregierung
		Staatsfunktionen	VII	Die Gesetzgebung des Bundes
			VIII	Die Ausführung der Bundesgesetze und die Bundesverwaltung
			VIIIa	Gemeinschaftsaufgaben Verwaltungszusammenarbeit
			IX	Die Rechtsprechung
			X	Das Finanzwesen
			Xa	Verteidigungsfall
			XI	Übergangs- und Schlussbestimmungen
	Anhang	Weimarer Verfassung		Religion und Religionsgesellschaften

1 – SIEHE: SCHUBERT, KLAUS / KLEIN, MARTINA: »Das Politiklexikon«. 5. aktual. Aufl. Bonn: Dietz. 2011. Auf: Bundeszentrale für politische Bildung: »Politiklexikon«. URL: http://www.bpb.de/nachschlagen/lexika/politiklexikon/17584/grundgesetz-gg vom: 07.02.2013

2 – SIEHE: FELDKAMP, MICHAEL (2008): »Neuland Grundgesetz«. Auf: Bundeszentrale für politische Bildung. URL: http://www.bpb.de/geschichte/deutsche-geschichte/grundgesetz-und-parlamentarischer-rat/39026/neuland vom: 07.02.2013

ANATOMIE EINES ARTIKELS

Während niederrangigere Gesetze meist in Paragrafen unterteilt sind, verwendet die Verfassung dafür **Artikel**.[1] Diese werden in Absätze untergliedert, einige davon wiederum in Nummern. Bei der Nennung einer bestimmten Passage im Grundgesetz ist die hierarchische Reihenfolge entscheidend: *Artikel, Absatz,* gegebenenfalls die *Nummerierung,* der *Satz,* der *Halbsatz* und schließlich der *Gesetzestext (hier: GG),* falls nötig.

Bezeichnung[2]	Abkürzung	Kennziffern	Kennbuchstabe
Artikel	Art.	1 – 146	a – l
Absatz	Abs.	1 – 9 / I – IX	
Nummer	Nr.	1 – 33	
Satz	S.	1 +	
Halbsatz	Hs.	1 +	
Grundgesetz	GG		

Beispiel: Art. 91b GG

Beispiel: Art. 91b Abs. 1 GG

Beispiel: Art. 91b Abs. 1 Nr. 1 GG

Beispiel: Art. 19 Abs. 4 Satz 2, 2. Halbsatz GG

1 – SIEHE: RECHTSANWÄLTE KLEINER & KIECKHÄFER: »Der Paragraph«. Stutensee. URL: http://www.rechtsanwalt-stutensee.de/paragraph.htm vom: 04.02.2013

2 – SIEHE: RÜSSMANN, HELMUT (1994): »Einführung in das Recht«. Skript zur Vorlesung für den Fachbereich Wirtschaftswissenschaften im SS. Universität des Saarlandes. Lehrstuhl für Bürgerliches Recht. URL: http://ruessmann.jura.uni-sb.de/rw20/wiwieinf/wi.htm#IV vom: 04.02.2013

ÜBERSICHT ALLER ARTIKEL[1,2]

Das Grundgesetz der Bundesrepublik Deutschland wurde 1949 mit 146 Artikeln verabschiedet *(Art. 1 – Art. 146)*. Heute zählt es insgesamt **197 Artikel.** Die mittlerweile 51 ergänzenden Artikel wurden an den inhaltlich passenden Stellen eingefügt. Um bei jeder Erweiterung ein erneutes Durchnummerieren zu vermeiden, wird der eingeschobene Artikel mit der Ziffer des vorherigen versehen *(z.B. Art. 12)* und dieser eine fortlaufende Buchstabenkennung beigefügt *(z.B. Art. 12a)*. Werden mehrere Artikel an derselben Stelle eingefügt, wird die Buchstabenfolge fortgesetzt *(z.B. Art. 45a, Art. 45b, Art. 45c, Art. 45d)*. Diese **Buchstabenartikel** sowie die Artikel der **Weimarer Reichsverfassung** im Anhang sind den anderen Zahlenartikeln gleichgestellt. Insgesamt wurden bisher fünf Artikel **aufgehoben** (so geschehen mit *Art. 49, Art. 59a, Art. 74a, Art. 75* und *Art. 142a* GG), vier weitere sind ganz oder in Teilen **gegenstandslos** *(Art. 132, Art. 136, Art. 137* und *Art. 144 GG)*.

1 – **ARTIKELLISTE UND DATEN BASIEREND AUF: »GRUNDGESETZ«.** Stand: 18.07.2012. Bundesministerium der Justiz / juris GmbH. Auf: Bundeszentrale für politische Bildung: »Nachschlagen, Grundgesetz«. URL: http://www.bpb.de/nachschlagen/gesetze/grundgesetz/ vom: 19.03.2013

2 – **ARTIKELLISTE ERGÄNZEND SIEHE: WIKIPEDIA (05.03.2013):** »Liste der Artikel des Grundgesetzes«. Lizenz: CreativeCommons BY-SA 3.0. URL: http://de.wikipedia.org/wiki/Liste_der_Artikel_des_Grundgesetzes#Die_Grundrechte vom: 10.04.2013

I DIE GRUNDRECHTE	Art 1	Schutz der Menschenwürde, Menschenrechte, Grundrechtsbindung
	Art 2	Freie Entfaltung der Persönlichkeit, Recht auf Leben, körperliche Unversehrtheit, Freiheit der Person
	Art 3	Gleichheit vor dem Gesetz
	Art 4	Glaubens-, Gewissens- und Bekenntnisfreiheit, Kriegsdienstverweigerung
	Art 5	Recht der freien Meinungsäußerung, Medienfreiheit, Kunst- und Wissenschaftsfreiheit
	Art 6	Ehe, Familie, nicht eheliche Kinder
	Art 7	Schulwesen
	Art 8	Versammlungsfreiheit
	Art 9	Vereinigungsfreiheit
	Art 10	Brief-, Post- und Fernmeldegeheimnis
	Art 11	Freizügigkeit
	Art 12	Berufsfreiheit
	Art 12a	Dienstverpflichtungen
	Art 13	Unverletzlichkeit der Wohnung, Großer Lauschangriff, Hausdurchsuchung
	Art 14	Eigentum, Erbrecht und Enteignung
	Art 15	Sozialisierung, Überführung in Gemeineigentum
	Art 16	Ausbürgerung, Auslieferung
	Art 16a	Asylrecht
	Art 17	Petitionsrecht
	Art 17a	Grundrechtsbeschränkungen während des Wehr- oder Zivildienstes
	Art 18	Verwirkung von Grundrechten
	Art 19	Einschränkung von Grundrechten, Grundrechtsträger, Rechtsschutz
II DER BUND UND DIE LÄNDER	Art 20	Bundesstaat, Sozialstaat, Demokratie, Republik, Gewaltenteilung, Gesetzmäßigkeit der Verwaltung; Widerstandsrecht
	Art 20a	Schutz der natürlichen Lebensgrundlagen
	Art 21	Politische Parteien in Deutschland
	Art 22	Bundeshauptstadt, Bundesflagge
	Art 23	Verwirklichung der Europäischen Union; Beteiligung des Bundesrates, der Bundesregierung (Europa-Artikel)
	Art 24	Kollektives Sicherheitssystem
	Art 25	Allgemeines Völkerrecht als Bestandteil des Bundesrechts
	Art 26	Verbot des Angriffskrieges
	Art 27	Handelsflotte
	Art 28	Verfassung der Länder; Selbstverwaltungsgarantie
	Art 29	Neugliederung des Bundesgebietes
	Art 30	Staatlichkeit und Zuständigkeit der Länder
	Art 31	Vorrang des Bundesrechts
	Art 32	Auswärtige Beziehungen
	Art 33	Staatsbürgerliche Gleichheit, hergebrachte Grundsätze des Beamtenrechts
	Art 34	Staatshaftung
	Art 35	Rechtshilfe; Amtshilfe
	Art 36	Bundesbeamte
	Art 37	Bundeszwang
III DER BUNDESTAG	Art 38	Abgeordnete
	Art 39	Wahlperiode, Selbstorganisation
	Art 40	Bundestagspräsident, Stellvertreter
	Art 41	Wahlprüfung
	Art 42	Öffentlichkeit der Bundestagssitzungen, Mehrheiten im Bundestag
	Art 43	Anwesenheitspflicht und -recht der Bundesregierung
	Art 44	Untersuchungsausschüsse
	Art 45	Ausschuss für die Europäische Union
	Art 45a	Ausschüsse für auswärtige Angelegenheiten und Verteidigung
	Art 45b	Wehrbeauftragter
	Art 45c	Petitionsausschuss
	Art 45d	Parlamentarisches Kontrollgremium
	Art 46	Immunität und Indemnität der Abgeordneten
	Art 47	Zeugnisverweigerungsrecht der Abgeordneten
	Art 48	Wahlurlaub, Benachteiligungsverbot, Reisekostenfreiheit
	Art 49	(wurde aufgehoben)
IV DER BUNDESRAT	Art 50	Aufgaben, Vertretung der Gliedstaaten
	Art 51	Zusammensetzung
	Art 52	Präsident des Bundesrates, Stellvertreter, Mehrheiten, Europakammer
	Art 53	Anwesenheitsrecht und -pflicht der Bundesregierung
IVa GEMEINSAMER AUSSCHUSS	Art 53a	Zusammensetzung, Wahlen
V DER BUNDES-PRÄSIDENT	Art 54	Bundesversammlung, Staatsoberhaupt
	Art 55	Berufs- und Gewerbeverbot
	Art 56	Amtseid
	Art 57	Vertretung des Bundespräsidenten
	Art 58	Gegenzeichnung durch den Bundeskanzler oder Bundesminister
	Art 59	Völkerrechtliche Vertretung des Bundes, Völkerrechtliche Verträge
	Art 59a	(wurde aufgehoben)
	Art 60	Ernennung der Bundesrichter, Bundesbeamten und Offiziere, Begnadigungsrecht
	Art 61	Präsidentenanklage wegen vorsätzlicher Rechtsverletzung
VI DIE BUNDES-REGIERUNG	Art 62	Zusammensetzung der Bundesregierung
	Art 63	Wahl des Bundeskanzlers
	Art 64	Ernennung der Bundesminister
	Art 65	Richtlinien der Politik, Eigenverantwortlichkeit der Bundesminister
	Art 65a	Befehls- und Kommandogewalt
	Art 66	Berufs- und Gewerbeverbot
	Art 67	Konstruktives Misstrauensvotum gegen den Bundeskanzler
	Art 68	Vertrauensfrage, Auflösung des Bundestages
	Art 69	Vertretung des Bundeskanzlers

VII DIE GESETZGEBUNG DES BUNDES	Art 70	Gesetzgebung des Bundes und der Länder
	Art 71	Ausschließliche Gesetzgebung
	Art 72	Konkurrierende Gesetzgebung
	Art 73	Gegenstände der ausschließlichen Gesetzgebung
	Art 74	Gegenstände der konkurrierenden Gesetzgebung
	Art 74a	(wurde aufgehoben)
	Art 75	(wurde aufgehoben)
	Art 76	Gesetzesvorlagen
	Art 77	Verfahren bei Gesetzesbeschlüssen
	Art 78	Zustandekommen von Bundesgesetzen
	Art 79	Änderungen des Grundgesetzes
	Art 80	Erlass von Rechtsverordnungen
	Art 80a	Spannungsfall
	Art 81	Gesetzgebungsnotstand
	Art 82	Verkündung und Inkrafttreten der Gesetze
VIII DIE AUSFÜHRUNG DER BUNDESGESETZE UND DIE BUNDES-VERWALTUNG	Art 83	Grundsatz der Länderexekutive
	Art 84	Länderverwaltung und Bundesaufsicht
	Art 85	Bundesauftragsverwaltung durch die Länder
	Art 86	Bundeseigene Verwaltung
	Art 87	Gegenstände der Bundeseigenen Verwaltung
	Art 87a	Streitkräfte
	Art 87b	Bundeswehrverwaltung
	Art 87c	Bestimmungen über Erzeugung und Nutzung der Kernenergie
	Art 87d	Luftverkehrsverwaltung
	Art 87e	Eisenbahnen des Bundes
	Art 87f	Post und Telekommunikation
	Art 88	Bundesbank
	Art 89	Bundeswasserstraßen
	Art 90	Bundesautobahnen und Bundesstraßen
	Art 91	Abwehr von Gefahren für den Bestand des Bundes
VIIIa GEMEINSCHAFTSAUFGABEN	Art 91a	Mitwirkungsbereiche des Bundes bei Länderaufgaben
	Art 91b	Bildungsplanung und Forschungsförderung
	Art 91c	Informationstechnische Systeme
	Art 91d	Leistungsvergleich
	Art 91e	Grundsicherung für Arbeitsuchende
IX DIE RECHTSPRECHUNG	Art 92	Gerichtsorganisation (Bundesverfassungsgericht, Gerichte der Länder, Bundesgerichte)
	Art 93	Bundesverfassungsgericht, Zuständigkeit
	Art 94	Bundesverfassungsgericht, Zusammensetzung
	Art 95	Oberste Gerichtshöfe des Bundes
	Art 96	Bundesgerichte
	Art 97	Unabhängigkeit der Richter
	Art 98	Rechtsstellung der Richter
	Art 99	Verfassungsstreit innerhalb eines Landes
	Art 100	Verfassungswidrigkeit von Gesetzen
	Art 101	Ausnahmegerichte
	Art 102	Abschaffung der Todesstrafe
	Art 103	Grundrechte vor Gericht
	Art 104	Rechtsgarantien bei Freiheitsentziehung
X DAS FINANZWESEN	Art 104a	Aufgabenverteilung, Lastenverteilung
	Art 104b	Finanzhilfen für bedeutsame Investitionen der Länder
	Art 105	Gesetzgebungsrecht
	Art 106	Verteilung des Steueraufkommens und des Ertrages der Finanzmonopole
	Art 106a	Bundeszuschuss für öffentlichen Personennahverkehr
	Art 106b	Länderanteil an der Kraftfahrzeugsteuer
	Art 107	Finanzausgleich, Ergänzungszuweisungen
	Art 108	Finanzverwaltung
	Art 109	Haushaltswirtschaft in Bund und Ländern
	Art 109a	Haushaltsnotlagen
	Art 110	Haushaltsplan des Bundes
	Art 111	Ausgaben vor Etatgenehmigung
	Art 112	Überplanmäßige und außerplanmäßige Ausgaben
	Art 113	Ausgabenerhöhungen; Einnahmeminderungen
	Art 114	Rechnungslegung; Bundesrechnungshof
	Art 115	Kreditbeschaffung
Xa VERTEIDIGUNGS-FALL	Art 115a	Feststellung des Verteidigungsfalles
	Art 115b	Übergang der Befehls- und Verteidigungsgewalt
	Art 115c	Erweiterte Bundesgesetzgebungskompetenz
	Art 115d	Vereinfachtes Bundesgesetzgebungsverfahren
	Art 115e	Aufgaben des Gemeinsamen Ausschusses
	Art 115f	Erweiterte Befugnisse der Bundesregierung
	Art 115g	Stellung des Bundesverfassungsgerichts
	Art 115h	Wahlperioden und Amtszeiten
	Art 115i	Erweiterte Befugnisse der Landesregierungen
	Art 115k	Geltung von Gesetzen und Rechtsverordnungen des Verteidigungsfalls
	Art 115l	Aufhebung von Maßnahmen und Beendigung des Verteidigungsfalls
XI ÜBERGANGS- UND SCHLUSSBESTIMMUNGEN	Art 116	Begriff des »Deutschen«; nationalsozialistische Ausbürgerung
	Art 117	Übergangsregelung zu Art. 3 Abs. 2 und Art. 11
	Art 118	Neugliederung der badischen und württembergischen Länder
	Art 118a	Neugliederung Berlins und Brandenburgs
	Art 119	Flüchtlinge und Vertriebene
	Art 120	Kriegsfolge- und Sozialversicherungslasten; Ertragshoheit
	Art 120a	Lastenausgleich
	Art 121	Begriff der Mehrheit
	Art 122	Bisherige Gesetzgebungskompetenzen
	Art 123	Fortgeltung des alten Rechts
	Art 124	Altes Recht auf dem Gebiet der ausschließlichen Gesetzgebung
	Art 125	Altes Recht auf dem Gebiet der konkurrierenden Gesetzgebung
	Art 125a	Fortgeltung von Bundesrecht; Ersetzung durch Landesrecht
	Art 125b	Fortgeltung von Bundesrecht; abweichende Regelungen durch die Länder
	Art 125c	Fortgeltung von Bundesrecht auf dem Gebiet der Gemeindeverkehrsfinanzierung und der sozialen Wohnraumförderung
	Art 126	Streit über das Fortgelten des alten Rechts
	Art 127	Recht des Vereinigten Wirtschaftsgebietes
	Art 128	Fortbestehen von Weisungsrechten
	Art 129	Fortgeltung von Ermächtigungen zu Rechtsverordnungen
	Art 130	Überleitung von Verwaltungs- und Rechtspflegeeinrichtungen
	Art 131	Frühere Angehörige des Öffentlichen Dienstes
	Art 132	Ausschluss aus dem Öffentlichen Dienst (gegenstandslos durch Zeitablauf)
	Art 133	Rechtsnachfolge, Vereinigtes Wirtschaftsgebiet
	Art 134	Rechtsnachfolge in das Reichsvermögen
	Art 135	Vermögen bei Änderung des Gebietsstandes
	Art 135a	Verbindlichkeiten des Reichs und anderer Körperschaften
	Art 136	Erster Zusammentritt des Bundesrates (gegenstandslos durch Zeitablauf)
	Art 137	Wählbarkeit von Angehörigen des Öffentlichen Dienstes (Absätze 2 und 3 gegenstandslos durch Zeitablauf)
	Art 138	Süddeutsches Notariat
	Art 139	Entnazifizierungsvorschriften
	Art 140	Übernahme von Glaubensbestimmungen der Weimarer Reichsverfassung
	Art 141	Ausnahmeregelung zum Religionsunterricht (sogenannte Bremer Klausel)
	Art 142	Grundrechte in Landesverfassungen
	Art 142a	(wurde aufgehoben)
	Art 143	Sondervorschriften für neue Bundesländer und Ost-Berlin
	Art 143a	Übergangsvorschriften für Bundeseisenbahnen
	Art 143b	Umwandlung der Deutschen Bundespost
	Art 143c	Übergangsvorschriften wegen Wegfalls der Finanzhilfen durch den Bund
	Art 143d	Übergangsvorschriften im Rahmen der Konsolidierungshilfen
	Art 144	Ratifizierung des Grundgesetzes (gegenstandslos durch Vollzug)
	Art 145	Inkrafttreten des Grundgesetzes
	Art 146	Geltungsdauer des Grundgesetzes
ANHANG WEIMARER REICHSVERFASSUNG	Art 136 WRV	Religionsunabhängigkeit von Rechten und Pflichten
	Art 137 WRV	Religionsgesellschaften
	Art 138 WRV	Staatsleistungen; Kirchengut
	Art 139 WRV	Sonn- und Feiertagsruhe
	Art 141 WRV	Religiöse Handlungen in öffentlichen Anstalten

DAS GG IN ZAHLEN[1,2]

	Grundgesetz gesamt
Wörter	21.341

Was im Jahr 1949 noch mit 12.000 Wörtern begann, wuchs bis heute auf beinahe das Doppelte heran. Die nachfolgenden Seiten illustrieren, wie sich die **Wortmengen** des gesamten Grundgesetzes auf die Kataloge und schließlich auf die Artikel verteilen. Das Textvolumen entspricht der Größe der schwarzen Kreise. Der **Grundrechtekatalog** genießt in der Verfassung einen besonderen Stellenwert. Er macht mit insgesamt 2.500 Wörtern rund zwölf Prozent der Gesamtwortmenge aus und ist damit der drittgrößte Katalog des GG. Der **umfangreichste Katalog** ist *Abschnitt XI – Übergangs- und Schlussbestimmungen*. Mit lediglich einem Artikel und 109 Wörtern stellt der *Gemeinsame Ausschuss* den knappsten Katalog dar. Im Vergleich der Artikel ist *Artikel 106* mit insgesamt 768 Wörtern der umfangreichste *(→ nachfolgende Doppelseite)* und überragt damit sogar fünf von 14 Katalogen. *Artikel 31* ist mit nur drei Wörtern der kürzeste des GG: »*Bundesrecht bricht Landesrecht*«.[3]

1 – **DATEN-MESSUNG: WORTZÄHLMODUS ADOBE INDESIGN.** Gesamtwortmenge einschließlich Präambel und Anhang Weimarer Reichsverfassung, ohne Eingangsformel.

2 – **DATEN-QUELLE: »GRUNDGESETZ FÜR DIE BUNDESREPUBLIK DEUTSCHLAND« (1949).** Letzte Änderung: 11.07.2012. Stand: 26.11.2012. Auf: Deutscher Bundestag. URL: http://www.bundestag.de/bundestag/aufgaben/rechtsgrundlagen/grundgesetz/gg.html vom: 08.02.2013

3 – **SIEHE: MENZENBACH, STEFFI / ROBBE, PATRIZIA / KUHN, LENA / WILCKE, KAROLIN (2009):** »60 Jahre Grundgesetz – Zahlen und Fakten«. Berlin: Deutscher Bundestag. WD 3 – 381/09. S. 5. URL: http://www.bundestag.de/dokumente/analysen/2009/60_Jahre_Grundgesetz.pdf vom: 09.02.2013

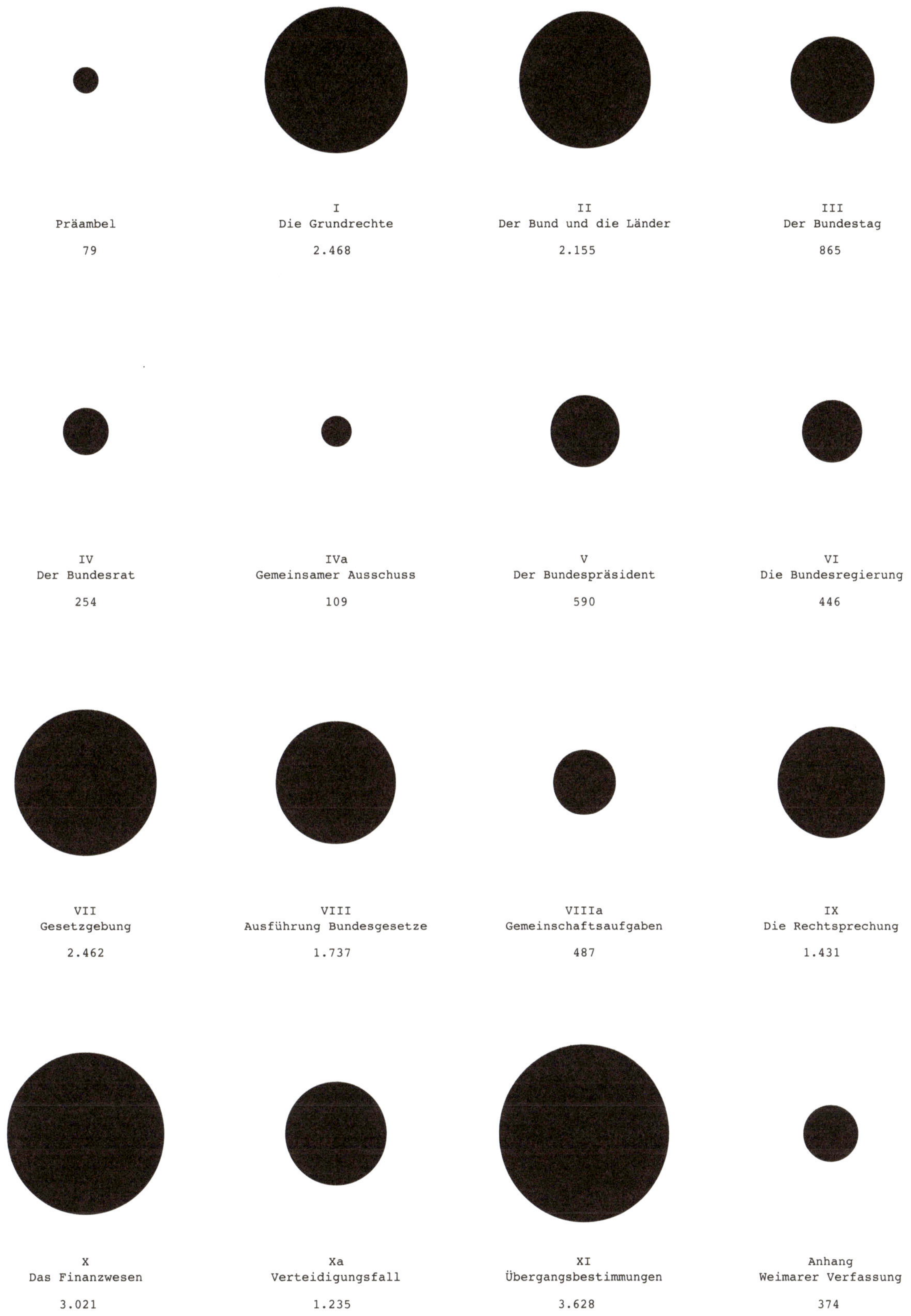

WORTMENGEN ALLER KATALOGE

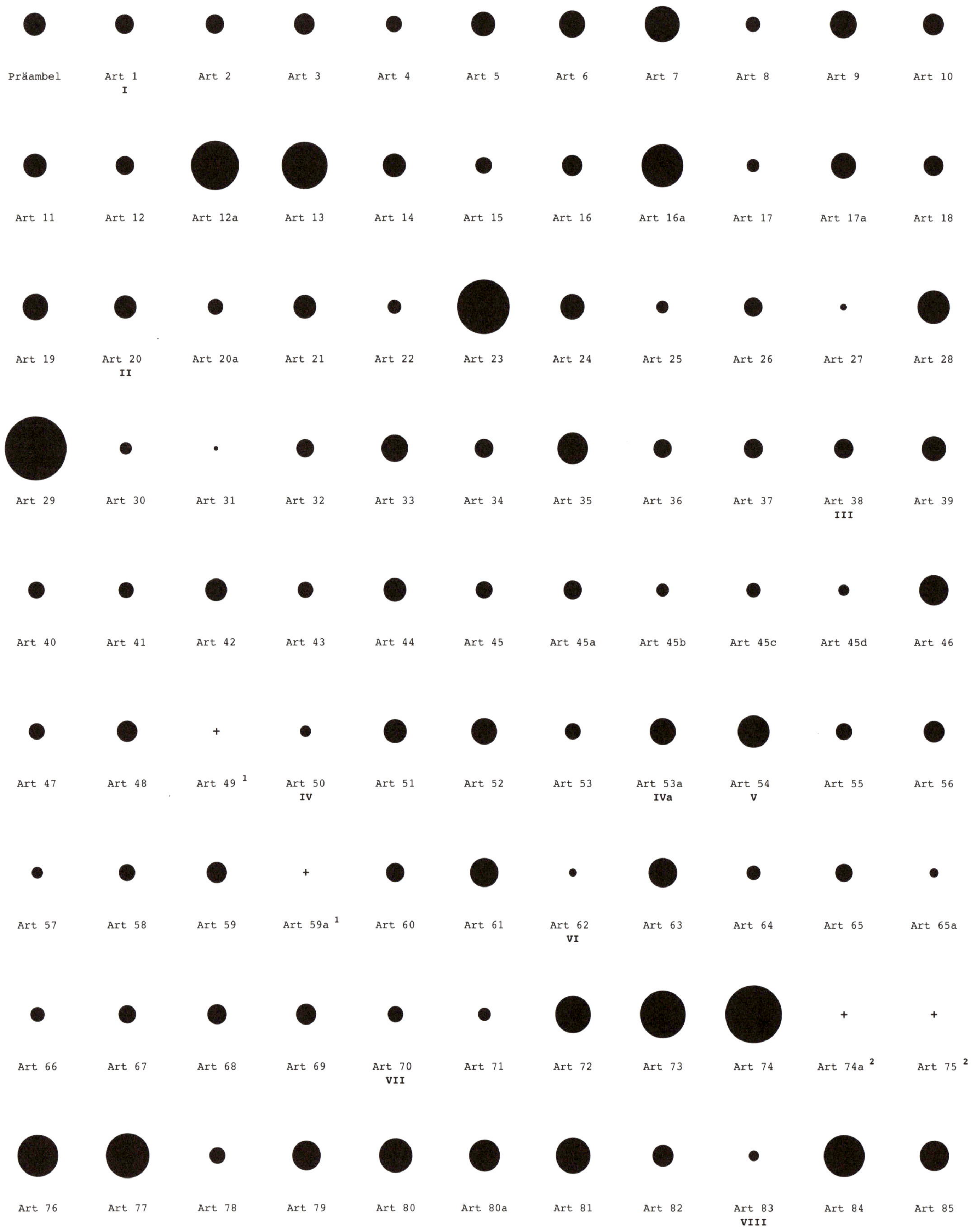

WORTMENGEN ALLER ARTIKEL

1 — AUFGEHOBEN

2 — WEGGEFALLEN

II.
ENTSTEHUNG

EINES PROVISORIUMS

Bonn: Fast ehrfürchtig bezeichnet man noch heute die Mitglieder des sogenannten »Parlamentarischen Rates« als die Mütter und Väter des deutschen Grundgesetzes, das ursprünglich nur als Übergangsverfassung vorgesehen war. Nach dem Ende der nationalsozialistischen Herrschaft schuf der Rat die Grundlage für eine moderne und stabile Demokratie.

FOTO: BUNDESREGIERUNG / HUBMANN / B 145 BILD-00047270: »Wahl des Vizepräsidenten des Parlamentarischen Rates während der Konstituierenden Sitzung in der ehemaligen Pädagogischen Akademie«. 01.09.1948

DIE ENTSTEHUNG DES GG

1948 – 1949

Genau vier Jahre nach der Kapitulation der Wehrmacht verabschiedete der Parlamentarische Rat das Grundgesetz für die Bundesrepublik Deutschland. Obwohl es lediglich als Provisorium bis zur bald erhofften Wiedervereinigung gedacht war, hat es sich bis heute als die anerkannte Verfassung Deutschlands etabliert. Im Folgenden werden die wichtigsten Stationen seiner Entstehungsgeschichte aufgezeigt.

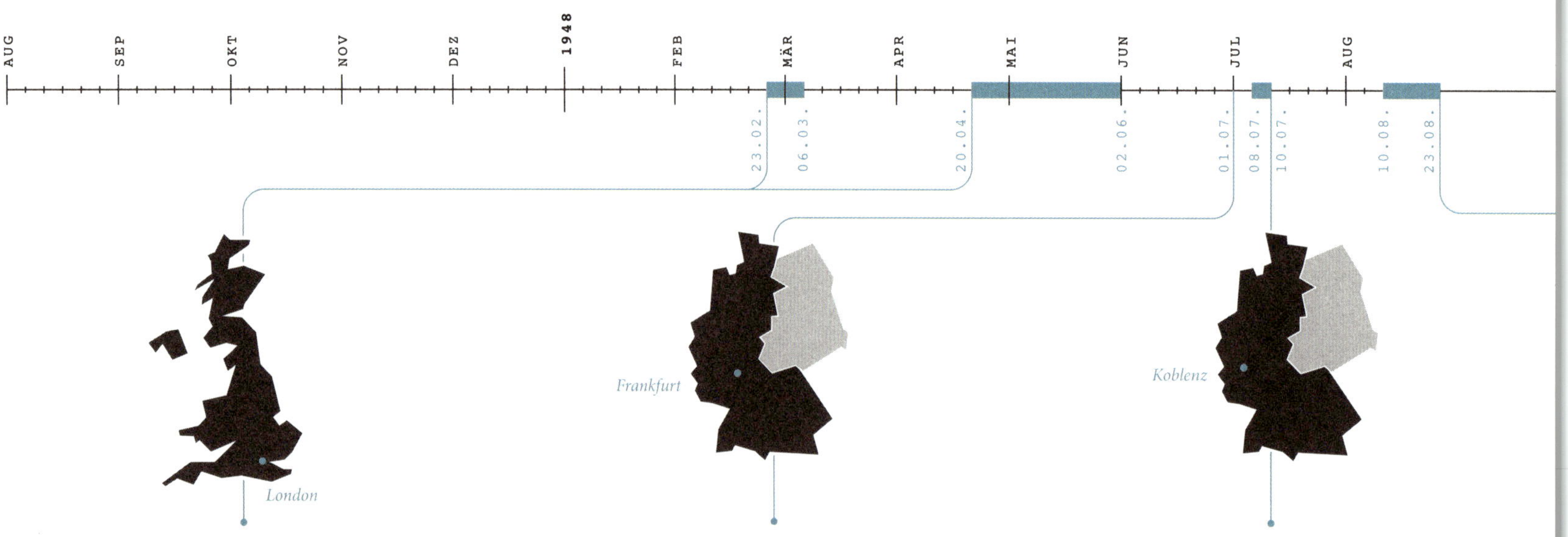

Sechs-Mächte-Konferenz

London, Mai 1948: Die drei **Westalliierten** legen zusammen mit den drei **Beneluxstaaten** den Grundstein eines westdeutschen Teilstaates. Die Sowjetunion ist bereits nicht mehr Teil der Verhandlungen. Die Westzonen sollen »auf der Basis einer freien und demokratischen Regierungsform« zusammengeschlossen werden und mehr Regierungsverantwortung erhalten. Mit den abschließenden **Londoner Empfehlungen** werden die **elf westdeutschen Ministerpräsidenten** mit der Bildung einer »Verfassunggebenden Versammlung« beauftragt. [1]

Besatzungszonen 1948

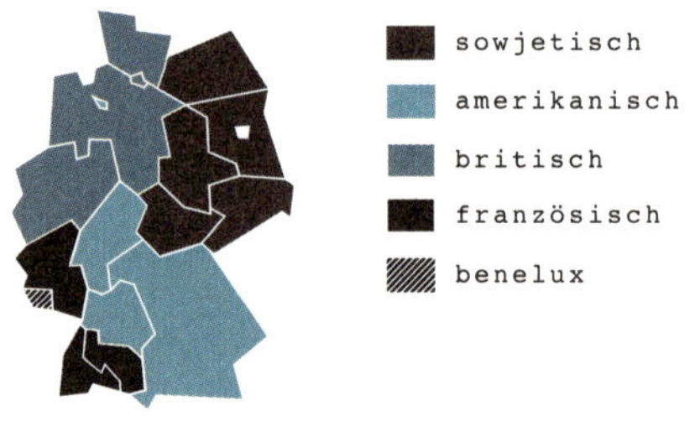

Frankfurter Dokumente

Frankfurt, 1. Juli 1948: Die Militärgouverneure der USA, Großbritanniens und Frankreichs übergeben den elf Ministerpräsidenten der westdeutschen Länder drei Dokumente. Diese enthalten die Empfehlungen zur **Gründung eines westdeutschen Staates** und die Grundzüge einer neuen Verfassung:

FRANKFURTER DOKUMENTE

»Verfassunggebende Versammlung«

Die verfassunggebende Versammlung wird eine demokratische Verfassung ausarbeiten, die für die beteiligten Länder eine Regierungsform des föderalistischen Typs schafft, die am besten geeignet ist, die gegenwärtig zerrissene deutsche Einheit schließlich wieder herzustellen, und die Rechte der beteiligten Länder schützt, eine angemessene Zentralinstanz schafft, und Garantien der individuellen Rechte und Freiheiten enthält. […] [2]

Beratung der Minister

Koblenz, Juli 1948: Um sich über die Frankfurter Dokumente zu beraten, treffen sich die **Ministerpräsidenten** für zwei Tage im Hotel »Rittersturz« bei Koblenz. Sie befürchten, dass die Neugründung eines westdeutschen Staates eine baldige Wiedervereinigung mit der Ostzone gefährden könnte. Anstelle einer »Verfassung« solle ein »**Provisorium**« ausgearbeitet und statt einer »Verfassunggebenden Versammlung« ein »**Parlamentarischer Rat**« einberufen werden. Trotz anfänglicher Bedenken stimmen die Alliierten den Forderungen zu.

Nach einem Vorschlag des Hamburger Bürgermeisters Max Brauer wird die Übergangsregelung »**Grundgesetz**« genannt. [3] Der Ministerpräsident des damaligen Landes *Württemberg-Baden*, Reinhold Meier, kommentiert den Vorgang so:

»Da kam irgendjemand mit dem Wort ›Grundgesetz‹ anstelle von Verfassung. Wie vom Himmel gefallen stand das Wort vor uns und bemächtigte sich unserer Köpfe und Sinne, gewiss nicht der Herzen.« [4]

1 – **SIEHE: STIFTUNG HAUS DER GESCHICHTE DER BUNDESREPUBLIK DEUTSCHLAND:** »Der Parlamentarische Rat«. Zeitleiste. URL: http://www.parlamentarischerrat.de/zeitleiste_899.html vom: 11.03.2013

2 – **SIEHE: MICHAELIS, HERBERT:** »Die staatliche Neuordnung Deutschlands«. 26. Band. Dokumentenverlag Berlin 1976 / von Münch: »Dokumente des geteilten Deutschland«. Kröner Verlag Stuttgart 1976. Beide zitiert nach: Verfassungen der Welt (2004): »Frankfurter Dokumente«. URL: http://www.verfassungen.de/de/de49/frankfurterdokumente48.htm vom: 04.03.2013

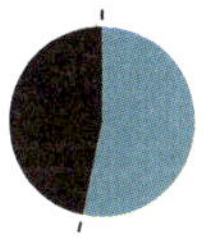

Wahl der Bundeshauptstadt

10. Mai 1949: Mit einer knappen Mehrheit von 33 zu 29 Stimmen wählt der Parlamentarische Rat **Bonn** anstelle des zunächst favorisierten Frankfurt zur »vorläufigen Bundeshauptstadt«. [3]

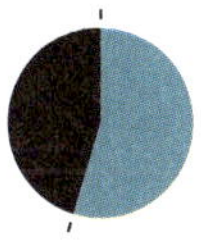

Erste Kanzlerwahl

15. September 1949: **Konrad Adenauer** wird vom ersten Bundestag mit nur einer Stimme Mehrheit zum ersten Kanzler der neuen westdeutschen Bundesrepublik gewählt. [6]

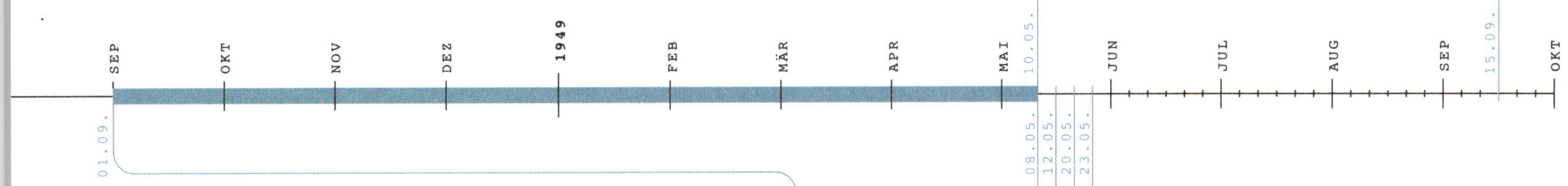

Verfassungskonvent Herrenchiemsee

Chiemsee, August 1948: Dem Ruf der Ministerpräsidenten folgend, tritt ein vorbereitender Verfassungskonvent zusammen, der auf der Insel Herrenchiemsee die »Richtlinien für ein Grundgesetz« erarbeitet. Sein Abschlussbericht, der sogenannte »**Chiemseer Entwurf**«, dient dem Parlamentarischen Rat als die wichtigste Arbeitsgrundlage. [1]

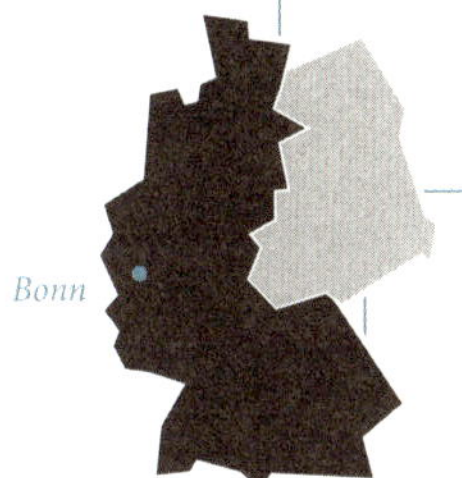

Parlamentarischer Rat

Bonn, September 1948: Die elf westdeutschen Landtage wählen 65 stimmberechtigte Abgeordnete, darunter vier Frauen, die eine »Übergangsverfassung« erarbeiten sollen. **Konrad Adenauer** wird zum Präsidenten des Parlamentarischen Rats gewählt. [3] Ein Hauptanliegen des Gremiums ist es, Lehren aus den **Fehlern der Weimarer Verfassung** zu ziehen, die zum Scheitern der ersten deutschen Demokratie geführt haben. Nach fast neun Monaten intensiver Beratung liegt dem Parlamentarischen Rat der endgültige Grundgesetzentwurf zur Abstimmung vor. [5]

Annahme

8. Mai 1949: Genau vier Jahre nach Kriegsende verabschiedet der Parlamentarischen Rat das Grundgesetz mit 53 zu 12 Stimmen. [3]

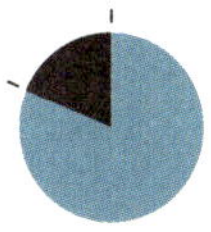

Zustimmung der Alliierten

12. Mai 1949: Mit einigen Vorbehalten genehmigen die Besatzungsgouverneure das Grundgesetz.

Zustimmung der Länder

20. Mai 1949: Bis auf Bayern stimmen alle westdeutschen Landtage für das Grundgesetz. Sie befürchten Verluste ihrer Eigenständigkeit, bekennen sich schließlich aber doch zur Bundesrepublik. [6]

Länder für das GG

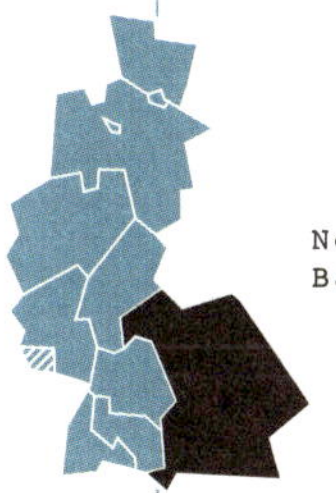

Inkrafttreten des GG

23. Mai 1949: Nach seiner feierlichen Unterzeichnung und Verkündung tritt das Grundgesetz um 24 Uhr in Kraft.

3 – **SIEHE: GÖRTEMAKER, MANFRED (2007):** »Von den Londoner Empfehlungen zum Grundgesetz«. Bundeszentrale für politische Bildung. URL: http://www.bpb.de/geschichte/deutsche-geschichte/grundgesetz-und-parlamentarischer-rat/38975/kurzueberblick?p=all vom: 04.03.2013

4 – **SIEHE: REINHOLD, MAIER (1948).** Zitiert nach: Deutscher Bundestag (Hrsg.): »Blickpunkt Spezial – Der Parlamentarische Rat und das Grundgesetz«. Berlin: Deutscher Bundestag. 2008. S. 14. URL: http://www.mitmischen.de/verstehen/infomateriall/geschichte/Downloads/Parlamentarischer_Rat_und_das_Grundgesetz.pdf vom: 11.03.2013

5 – **SIEHE: DER BUNDESRAT:** »Vor 60 Jahren konstituiert sich der Parlamentarische Rat«. Presse und Öffentlichkeitsarbeit. URL: http://www.bundesrat.de/nn_8396/DE/service/thema-aktuell/08/20080908-Parl-Rat.html vom: 11.02.2013

6 – **SIEHE: UHLMANN, FRANK:** »Parlamentarischer Rat«. Sächsische Landeszentrale für politische Bildung. URL: http://www.infoseiten.slpb.de/geschichte/deutschland/1945-1949/grundgesetz-und-gruendung-der-bundesrepublik/parlamentarischer-rat/ vom: 11.03.2013

AUGUST 1948 – MAI 1949

DER ENTWURFSPROZESS DES GG

EINE DYNAMISCHE ENTSTEHUNG

Der Parlamentarische Rat bestand aus sieben Fachausschüssen, die den Chiemseer Entwurf als Grundlage für ihre Arbeit nutzten. Deren Ergebnisse wurden von einem Allgemeinen Redaktionsausschuss gesichtet, in einem Entwurf vereint und an den Hauptausschuss zur Beratung weitergeleitet. In den nachfolgenden Durchgängen nahm der Redaktionsausschuss die zuvor erarbeiteten Änderungen in die Entwürfe mit auf. Dabei ging die Arbeit des Redaktionsausschusses weit über seine formalen Aufgaben hinaus. Der endgültige Grundgesetzentwurf wurde in vierter Lesung angenommen.[1]

Die nachfolgenden Seiten zeigen einen Ausschnitt aus dem originalen Arbeitsprotokoll des Parlamentarischen Rates.[2] Anhand der Grundrechteartikel 1 und 2 erschließt sich ein dynamischer und kontroverser Entwurfsprozess, dessen Aussagen Schritt für Schritt verfeinert wurden.

Fachausschüsse
↓
Allgemeiner Redaktionsausschuss
↓ ↑
Hauptausschuss

Museum Koenig in Bonn: Ort der Eröffnungsfeier des Parlamentarischen Rates
FOTO: Wikipedia / Urheber: Simbel / Lizenz: Creative Commons BY-SA / 22.01.2006

VERFASSUNGSKONVENT

CHIEMSEER ENTWURF

10 – 25. AUGUST 1948

VERFASSUNGSAUSSCHUSS →

DIE GRUNDRECHTE

Artikel 1

(1) Der Staat ist um des Menschen willen da, nicht der Mensch um des Staates willen.

(2) Die Würde der menschlichen Persönlichkeit ist unantastbar. Die öffentliche Gewalt ist in allen ihren Erscheinungsformen verpflichtet, die Menschenwürde zu achten und zu schützen.

Artikel 2

(1) Alle Menschen sind frei.

(2) Jedermann hat die Freiheit, innerhalb der Schranken der Rechtsordnung und der guten Sitten alles zu tun, was anderen nicht schadet.

PARLAMENTARISCHER RAT

GRUNDGESETZ ENTWURF

18. OKTOBER 1948

FACHAUSSCHÜSSE

Formulierungen

DIE GRUNDRECHTE

Artikel 1

(1) Die Würde des Menschen steht im Schutze der staatlichen Ordnung.

(2) Sie ist begründet in ewigen Rechten, die das deutsche Volk als Grundlage aller menschlichen Gemeinschaft anerkennt.

(3) Deshalb werden Grundrechte gewährleistet, die Gesetzgebung, Verwaltung und Rechtspflege auch in den Ländern als unmittelbar geltendes Recht binden.

Artikel 2

(1) Der Mensch ist frei.

(2) Er darf tun und lassen, was die Rechte anderer nicht verletzt oder die verfassungsmäßige Ordnung des Gemeinwesens nicht beeinträchtigt.

Variante 1 ↔ Variante 2

Variante 1: (3) In diese Freiheit darf die Verwaltung nur im Rahmen der Rechtsordnung eingreifen.

Variante 2: (3) In diese Freiheit darf die Verwaltung nur innerhalb der Schranken des für alle gleichen Gesetzes eingreifen.

(4) Wird jemand durch die öffentliche Gewalt in seinen Rechten verletzt, so steht ihm der Rechtsweg offen.

PARLAMENTARISCHER RAT

GRUNDGESETZ ENTWURF 1. LESUNG

16. NOVEMBER 1948

ALLGEMEINER REDAKTIONSAUSSCHUSS

Stellungnahme (Kommentar)

DIE GRUNDRECHTE

Artikel 1
Die Würde des Menschen zu achten und zu schützen, ist heilige Verpflichtung aller staatliche Gewalt.

Es ist zu überlegen, ob anstelle des Wortes »heilig« ein weniger sakraler Ausdruck zu setzen ist.

Artikel 1a
Die Freiheit des Menschen, seine Verpflichtung gegenüber dem Nächsten und gegenüber der Gesamtheit, die Gleichheit und die soziale Gerechtigkeit sind Grundlage aller menschlichen Gemeinschaft. Ihrem Schutze dienen die Grundrechte.

Artikel 1b
(1) Alle Deutschen sind vor dem Gesetz gleich.

(2) Der Gesetzgeber muß Gleiches gleich, Verschiedenes nach seiner Eigenart behandeln.

(3) Jedoch darf niemand wegen seines Geschlechts, seiner Abstammung, seiner Rasse, seiner Heimat und Herkunft, seiner religiösen oder politischen Anschauung bevorrechtigt oder benachteiligt werden.

Die Begriffsbestimmung ist in den Übergangsbestimmungen gegeben, vergleiche dort A.

Artikel 2
Jedermann ist frei zu tun und zu lassen, was die Rechte anderer nicht verletzt und nicht gegen die verfassungsmäßige Ordnung oder das Sittengesetz verstößt.

10. DEZEMBER 1948

HAUPTAUSSCHUSS

Formulierung

DIE GRUNDRECHTE

Artikel 1
(1) Die Würde des Menschen steht im Schutze der staatlichen Ordnung.

(2) Mit der Menschenwürde und als eine der Grundlagen für ihre dauernde Achtung erkennt das deutsche Volk jene gleichen und unveräußerlichen Freiheits- und Menschenrechte an, die das Fundament der Freiheit, Gerechtigkeit und Frieden in der Welt bilden.

(3) In den nachstehenden Artikeln für unser Volk aus unserer Zeit geformt und niedergelegt, binden diese Grundrechte Gesetzgebung, Verwaltung und Rechtsprechung auch in den Ländern als unmittelbar geltendes Recht.

Die Worte »auch in den Ländern« erscheinen überflüssig, da die Grundrechte infolge ihrer unmittelbaren Geltung auf jeder Ebene binden.

Artikel 2
(1) Jeder hat das Recht auf Leben, auf Freiheit und auf Sicherheit der Person.

(2) Jeder hat das Recht auf die freie Entfaltung seiner Persönlichkeit, soweit er nicht die Rechte anderer verletzt und nicht gegen die verfassungsmäßige Ordnung oder das Sittengesetz verstößt.

(3) In diese Freiheit darf nur im Rahmen der Rechtsordnung eingegriffen werden. Keinesfalls darf das Mindestmaß der zum Leben notwendigen Nahrung, Kleidung und Wohnung verweigert werden.

(4) Wird jemand durch die öffentliche Gewalt in seinen Rechten verletzt, so steht ihm der Rechtsweg offen.

13. – 16. DEZEMBER 1948

ALLGEMEINER REDAKTIONSAUSSCHUSS

Kommentar

Die Würde des Menschen darf nicht nur im Schutz der staatlichen Ordnung stehen, sondern die staatliche Gewalt muß in erster Linie verpflichtet sein, sie auch selbst zu achten. Es empfiehlt sich, die einzelnen Menschenrechte, wie das Recht auf Freiheit, auf Gleichheit und deren Begrenzung durch die Verpflichtung gegenüber dem Nächsten und der Gesamtheit ausdrücklich zu erwähnen.

Artikel 2 Absatz 1 in der Fassung des Hauptausschusses vom 10. Dezember 1948 spricht vom Recht auf Leben, das an keiner Stelle des Grundgesetzes eingeschränkt ist. Damit wäre die Todesstrafe abgeschafft. Abgesehen davon gehört das Recht auf Leben systematisch nicht in die Freiheitsartikel.

Er spricht von dem Recht auf Freiheit, das oben in Artikel 1 Absatz 1 ganz allgemein erwähnt ist. Im übrigen in seinen einzelnen Erscheinungsformen in den Grundrechten behandelt wird.

Das Recht auf Sicherheit der Person ist ein Ausfluß der persönlichen Freiheit, die in Artikel 3 behandelt wird. Die freie Entfaltung der Persönlichkeit ist ein Vorgang, der sich im wesentlichen außerhalb der staatlichen Ordnung vollzieht.

Das Recht auf Nahrung, Kleidung und Wohnung kann nur im Zusammenhang mit der Bewirtschaftung verweigert werden. Das Verbot einer solchen Beschränkung sollte in die Schluß- und Übergangsbestimmungen aufgenommen werden, da es nur während der zeitbedingten öffentlichen Bewirtschaftung von Wohnraum, Nahrung usw. Bedeutung hat. Bei Absatz 3 ist unklar, in welche Freiheit im Rahmen der Rechtsordnung eingegriffen werden darf. Sollte sich dieser Vorbehalt auf Absatz 1 und 2 beziehen, so stünde die gesamte menschliche Freiheit schlechthin unter Gesetzesvorbehalt und in denkbar weitestem Sinne, so daß hier im Grunde nur das rechtsstaatliche Prinzip der Verwaltung konkretisiert und damit »das Grundrecht« völlig leerlaufend wäre. Sollte es sich nur auf Absatz 2 beziehen, so wäre die Bestimmung widerspruchsvoll. Es ist ja wohl nicht beabsichtigt, in die freie Entfaltung von staatswegen einzugreifen. Wird Absatz 4 an dieser Stelle beibehalten, so würde er sich nur auf die in Artikel 2 garantierten Rechte beziehen; da aber jeder Eingriff in ein Recht den Rechtsweg eröffnen soll, ist es angebracht, diese Vorschrift am Schluß des Grundrechtteiles, etwa in Artikel 20c, zu bringen. Ohne Rücksicht auf die Einordnung ist folgende Ergänzung nötig: »Soweit keine andere Zuständigkeit begründet ist, ist der ordentliche Rechtsweg gegeben (vgl. Artikel 138 c-1)«, (Anmerkung berichtigt gemäß Anlage zu Drucksache Nr. 374).

VERFASSUNGSKONVENT

GRUNDGESETZ ENTWURF 2. LESUNG

15./20. JANUAR 1949

25. JANUAR 1949

ALLGEMEINER REDAKTIONSAUSSCHUSS

Stellungnahme

DIE GRUNDRECHTE

Artikel 1

(1) Die Würde des Menschen ist unantastbar. Sie zu achten und zu schützen ist Verpflichtung aller staatlichen Gewalt.

(2) Die Freiheit und die Gleichheit des Menschen, seine Verpflichtung gegenüber dem Nächsten und gegenüber der Gesamtheit sind die Grundlage aller menschlichen Gemeinschaft, des Friedens und der Gerechtigkeit in der Welt.

(3) Dem Schutze dieser unveräußerlichen Güter dienen die Grundrechte. Sie binden Gesetzgebung, Verwaltung und Rechtsprechung als unmittelbar geltendes Recht.

Artikel 2

Jedermann hat die Freiheit, zu tun und zu lassen, was die Rechte anderer nicht verletzt und nicht gegen die verfassungsmäßige Ordnung oder das Sittengesetz verstößt.

HAUPTAUSSCHUSS

Formulierungen

DIE GRUNDRECHTE

Artikel 1

(1) Die Würde des Menschen steht im Schutze der staatlichen Ordnung. (unverändert)

(2) Bereit, für die dauernde Achtung und Sicherung der Menschenwürde einzustehen, erkennt das deutsche Volk jene unverletzlichen und unveräußerlichen Freiheits- und Menschenrechte an, auf denen Freiheit, Gerechtigkeit und Frieden ruhen.

(3) Diese Grundrechte, für unser Volk aus unserer Zeit geformt und niedergelegt, binden Gesetzgebung, Verwaltung und Rechtsprechung des Bundes und der Länder als unmittelbar geltendes Recht.

Absatz 2 spricht schließlich davon, daß »das deutsche Volk« die Menschenrechte anerkennt, während Absatz 3 davon spricht, daß die Grundrechte »für unser Volk« geformt und niedergelegt seien. Man sollte, wenn man den in Absatz 2 enthaltenen Gedanken fortentwickelt, davon sprechen, daß das deutsche Volk sich nicht nur zu den Menschenrechten bekennt, sondern aus diesem Bekenntnis heraus selbst den Grundrechten die späterhin niedergelegte Form gab.

Artikel 2

(1) Jeder hat das Recht auf Leben und körperliche Unversehrtheit, auf persönliche Freiheit und Sicherheit.

(2) (unverändert) Jeder hat das Recht auf die freie Entfaltung seiner Persönlichkeit, soweit er nicht die Rechte anderer verletzt und nicht gegen die verfassungsmäßige Ordnung oder das Sittengesetz verstößt.

(3) In diese Rechte kann nur auf Grund der Rechtsordnung eingegriffen werden.

(4) (entfällt)

ALLGEMEINER REDAKTIONSAUSSCHUSS

Kommentar

Nach dem Absatz 1 der Fassung des Hauptausschusses steht die Würde des Menschen im Schutze der staatlichen Ordnung. Damit wird nicht zum Ausdruck gebracht, daß die Würde des Menschen der Disposition des Staates, insbesondere auch der des Gesetzgebers, entzogen sein sollte.

Absatz 2 der Fassung des Hauptausschusses spricht schlechthin von den unverletzlichen und unveräußerlichen Freiheits- und Menschenrechten, die dann im Absatz 3 als unmittelbar geltendes Recht bezeichnet werden, obwohl die nachfolgenden Artikel nur ganz bestimmte zu den allgemeinen Menschenrechten gehörende Rechte behandeln.

Schließlich sind die Partizipialkonstruktionen in Absätzen 2 und 3 sprachlich wenig glücklich.

Außerdem dürfte es nicht ganz zutreffend sein, wenn Absatz 3 davon spricht, daß die Grundrechte aus unserer Zeit heraus geformt worden seien. Sie sind im wesentlichen eine Wiederholung dessen, was sich seit dem Ende des 18. Jahrhunderts herausgebildet hat und in fast allen Verfassungen wiederkehrt; die Formulierungen sind vielfach aus der Weimarer Verfassung entnommen worden.

Nach Auffassung des Allgemeinen Redaktionsausschusses sollte in Artikel 2 zunächst die allgemeine Handlungsfreiheit garantiert werden.

Unklar ist, welchen Inhalt das Recht auf Sicherheit haben soll, von dem Absatz 1 der Fassung des Hauptausschusses spricht. Es kann doch nur ein Ausfluß der persönlichen Freiheit sein.

Die freie Entfaltung der Persönlichkeit ist ein Vorgang, der sich im wesentlichen außerhalb der staatlichen Ordnung vollzieht.

Absatz 3 der Fassung des Hauptausschusses ermöglicht einen Eingriff auf Grund der Rechtsordnung nicht nur bei dem in Absatz 1, sondern auch bei dem in Absatz 2 geregelten Recht. Bei dem in Absatz 2 geregelten Recht auf freie Entfaltung der Persönlichkeit ist in diesem Absatz aber selbst bereits die Grenze dieses Rechts durch den 2. Halbsatz gezogen. Absatz 3 müßte deshalb als 2. Satz dem Absatz 1 zugefügt werden. Im übrigen werden die in Artikel 2 behandelten Rechte durch die gewählte Fassung schlechthin unter einen allgemeinen Gesetzesvorbehalt im weitesten Sinne gestellt. In diese Rechte kann daher auf Grund einer jeden Norm, z. B. auch auf Grund eines sich bildenden polizeilichen Gewohnheitsrechtes eingegriffen werden.

PARLAMENTARISCHER RAT

GRUNDGESETZ ENDSTADIUM 3. LESUNG

10. FEBRUAR 1949

02. MAI 1949

ALLGEMEINER REDAKTIONSAUSSCHUSS

Stellungnahme

DIE GRUNDRECHTE

Artikel 1

(1) Die Würde des Menschen ist unantastbar. Sie zu achten und zu schützen ist Verpflichtung aller staatlichen Gewalt. ✓

(2) Das deutsche Volk bekennt sich zu unverletzlichen und unveräußerlichen Menschenrechten, der Grundlage jeder menschlichen Gemeinschaft, des Friedens und der Gerechtigkeit in der Welt. ✓

(3) Diese Grundrechte binden Gesetzgebung, Verwaltung und Rechtsprechung als unmittelbar geltendes Recht. ✓

Artikel 2

(1) Jedermann hat die Freiheit, zu tun und zu lassen, was die Rechte anderer nicht verletzt und nicht gegen die verfassungsmäßige Ordnung oder das Sittengesetz verstößt.

(2) Jedermann hat das Recht auf Leben und körperliche Unversehrtheit. In dieses Recht kann nur auf Grund eines Gesetzes eingegriffen werden.

HAUPTAUSSCHUSS

Formulierung →

DIE GRUNDRECHTE

Artikel 1

(1) Die Würde des Menschen ist unantastbar. Sie zu achten und zu schützen ist Verpflichtung aller staatlichen Gewalt.

(2) Das deutsche Volk bekennt sich darum zu unverletzlichen und unveräußerlichen Menschenrechten, Grundlage jeder menschlichen Gemeinschaft, des Friedens und der Gerechtigkeit in der Welt.

(3) Die nachfolgenden Grundrechte binden Gesetzgebung, Verwaltung und Rechtsprechung als unmittelbar geltendes Recht.

Artikel 2

(1) Jeder hat das Recht auf Leben und körperliche Unversehrtheit, auf persönliche Freiheit und Sicherheit.

(2) Jeder hat das Recht auf die freie Entfaltung seiner Persönlichkeit, soweit er nicht die Rechte anderer verletzt und nicht gegen die verfassungsmäßige Ordnung oder das Sittengesetz verstößt.

(3) In diese Rechte darf nur auf Grund eines Gesetzes eingegriffen werden.

ALLGEMEINER REDAKTIONSAUSSCHUSS

Stellungnahme

DIE GRUNDRECHTE

Artikel 1

(1) (unverändert) Die Würde des Menschen ist unantastbar. Sie zu achten und zu schützen ist Verpflichtung aller staatlichen Gewalt.

(2) Das deutsche Volk bekennt sich darum zu unverletzlichen und unveräußerlichen Menschenrechten als einer der Grundlagen menschlicher Gemeinschaft, des Friedens und der Gerechtigkeit in der Welt. ✓

(3) (unverändert) Diese Grundrechte binden Gesetzgebung, Verwaltung und Rechtsprechung als unmittelbar geltendes Recht.

Artikel 2

(1) Jeder hat das Recht auf die freie Entfaltung seiner Persönlichkeit, soweit er nicht die Rechte anderer verletzt und nicht gegen die verfassungsmäßige Ordnung oder das Sittengesetz verstößt. ✓

(2) Jeder hat das Recht auf Leben und körperliche Unversehrtheit. Die Freiheit der Person ist unverletzlich. In diese Rechte darf nur auf Grund eines Gesetzes eingegriffen werden. ✓

(3) (entfällt)

1 – SIEHE: STIFTUNG HAUS DER GESCHICHTE DER BUNDESREPUBLIK DEUTSCHLAND: »Der Parlamentarische Rat 1948/49«. URL: http://www.parlamentarischerrat.de/organisation_898_organisation=52.html vom: 11.03.2013

2 – TEXTAUSZÜGE AUS: VERFASSUNGEN DER WELT (2004): »Entstehung des Grundgesetz für die Bundesrepublik Deutschland – Entwürfe während der Arbeiten am Grundgesetz«. URL: http://www.verfassungen.de/de/de49/ vom: 31.03.2013 aus: »Protokolle des Parlamentarischen Rates«. Bonner Universitätsdruckerei 1948/49. Tübingen: J.C.B. Mohr, Jahrbuch des öffentlichen Rechts N.F. Band 1. 1951

Mit der Unterzeichnung und Verkündung ist die Entwicklung des Grundgesetzes keineswegs abgeschlossen. Das anschließende Kapitel widmet sich der wechselhaften Entwicklung von 1949 bis heute.

→

III.
ÄNDERUNGEN
EINER VERFASSUNG

Mai 1968: »Treibt Bonn den Notstand aus!«, »Streikt gegen die NS-Gesetze!«, »Wehrt euch jetzt, ehe es wieder zu spät ist!«. Dies waren die Parolen einer bundesweiten Protestbewegung. Anlass war der bevorstehende Beschluss der sogenannten »Notstandsgesetze«, die dem Staat in Krisensituationen Eingriffe in die Grundrechte ermöglichen. In der Bevölkerung gab es Befürchtungen einer erneuten Unterwanderung der Demokratie.[1]

1 — SIEHE: STIFTUNG HAUS DER GESCHICHTE DER BUNDESREPUBLIK DEUTSCHLAND: »Große Koalition: Notstandsgesetze«. URL: http://www.hdg.de/lemo/html/DasGeteilteDeutschland/KontinuitaetUndWandel/GrosseKoalition/notstandsgesetze.html vom: 02.04.2013

F — FOTO: WEGENER, GÜNTER (1968): Demonstration von Studentengruppen in München. URL: http://gunter-wegener.net/ vom: 29.03.2013

ÄNDERUNGEN IN ZAHLEN [1,2,3]

	Grundgesetz gesamt
Wörter unverändert	9.340
Wörter geändert / neu	12.001

In den ersten 64 Jahren seit seiner Verabschiedung erlebte das Grundgesetz 17 Wahlperioden, acht Bundeskanzler und eine Wiedervereinigung. Die Verfassung passte sich den politischen und gesellschaftlichen Veränderungen an und wuchs mit den Anforderungen, an manchen Stellen vielleicht über das Maß hinaus. Durch bislang **59 Änderungsgesetze** wurden von den **197 Artikeln** des Grundgesetzes **112 geändert**, einige davon mehrfach. **85 Artikel** blieben hingegen unversehrt.[4]

Die nachfolgenden Seiten illustrieren anhand von Kreisdiagrammen, an welchen Stellen und in welchem Maß Änderungen am Verfassungsdokument vorgenommen wurden. Auch hier wird das **Gesamttextvolumen** mit den Katalogen und den Artikeln ins Verhältnis gesetzt (→ *Das Grundgesetz in Zahlen, Seite 18-21*). Die Größe eines Kreises entspricht der jeweiligen Textmenge. Die schwarzen Flächen markieren prozentual die **unberührten Passagen** von 1949. Die roten Teilflächen entsprechen dem Anteil der seither geänderten oder **eingefügten Passagen**.

1 – **DATEN DURCH MESSUNGEN VON WORTMENGEN:** Adobe Indesign, Wortzähler. Bei der Messung können Schwankungen entstanden sein. Weggefallene Abschnitte werden nicht berücksichtigt. Der Artikelname wurde aus-, die Absatznummern eingeschlossen. Der hier dargestellte Umfang der Änderungen lässt keinen direkten Rückschluss auf die Bedeutung der Änderung zu.

2 – **DATEN DER ÄNDERUNGEN BIS 29.06.2009 SIEHE: VERFASSUNGEN DER WELT (2010):** »Grundgesetz für die Bundesrepublik Deutschland«. 1949, mit Änderungsindex. URL: http://www.verfassungen.de/de/gg49-i.htm vom: 19.03.2013

3 – **ERGÄNZENDE DATEN DER ÄNDERUNGEN SIEHE: FUCHS, THOMAS.** Auf: Lexetius, Rechtsdatenbank, URL: http://lexetius.com/GG/Inhalt vom: 19.03.2013

4 – **SIEHE: MENZENBACH, STEFFI / ROBBE, PATRIZIA / KUHN, LENA / WILCKE, KAROLIN (2009):** »60 Jahre Grundgesetz – Zahlen und Fakten«. Berlin: Deutscher Bundestag. WD 3 – 381/09. S. 5. URL: http://www.bundestag.de/dokumente/analysen/2009/60_Jahre_Grundgesetz.pdf vom: 09.02.2013

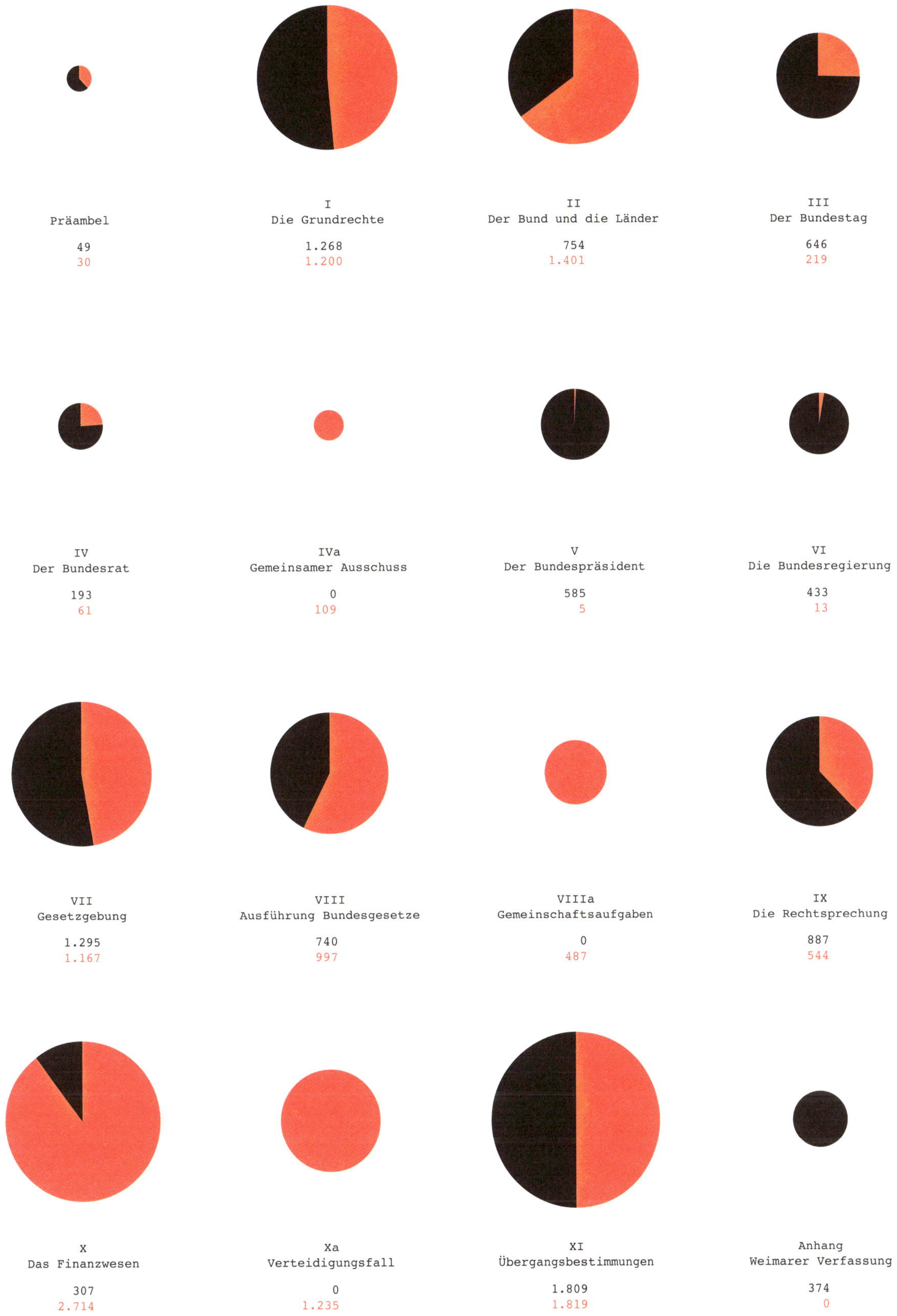

ÄNDERUNGEN ALLER KATALOGE

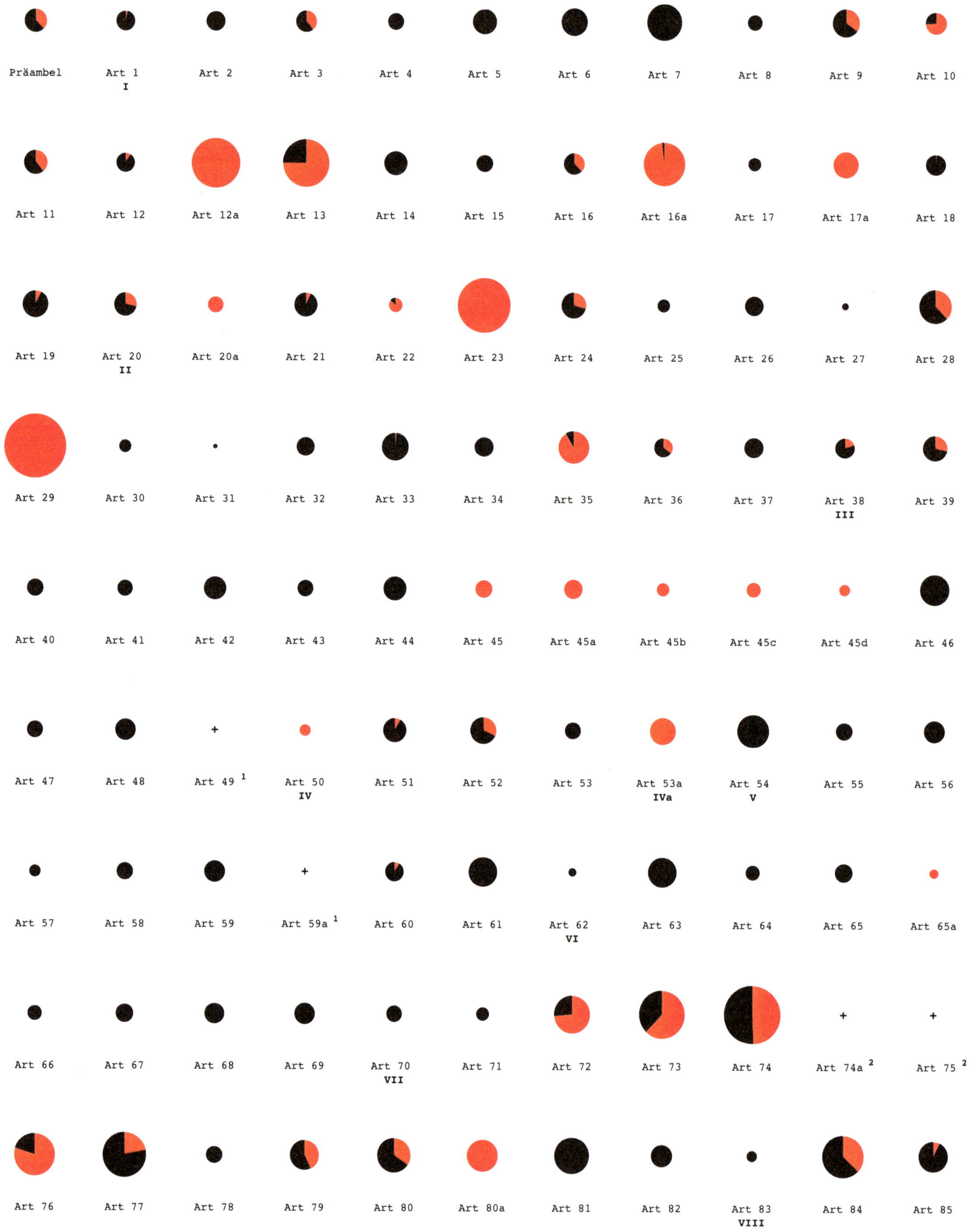

ÄNDERUNGEN ALLER ARTIKEL

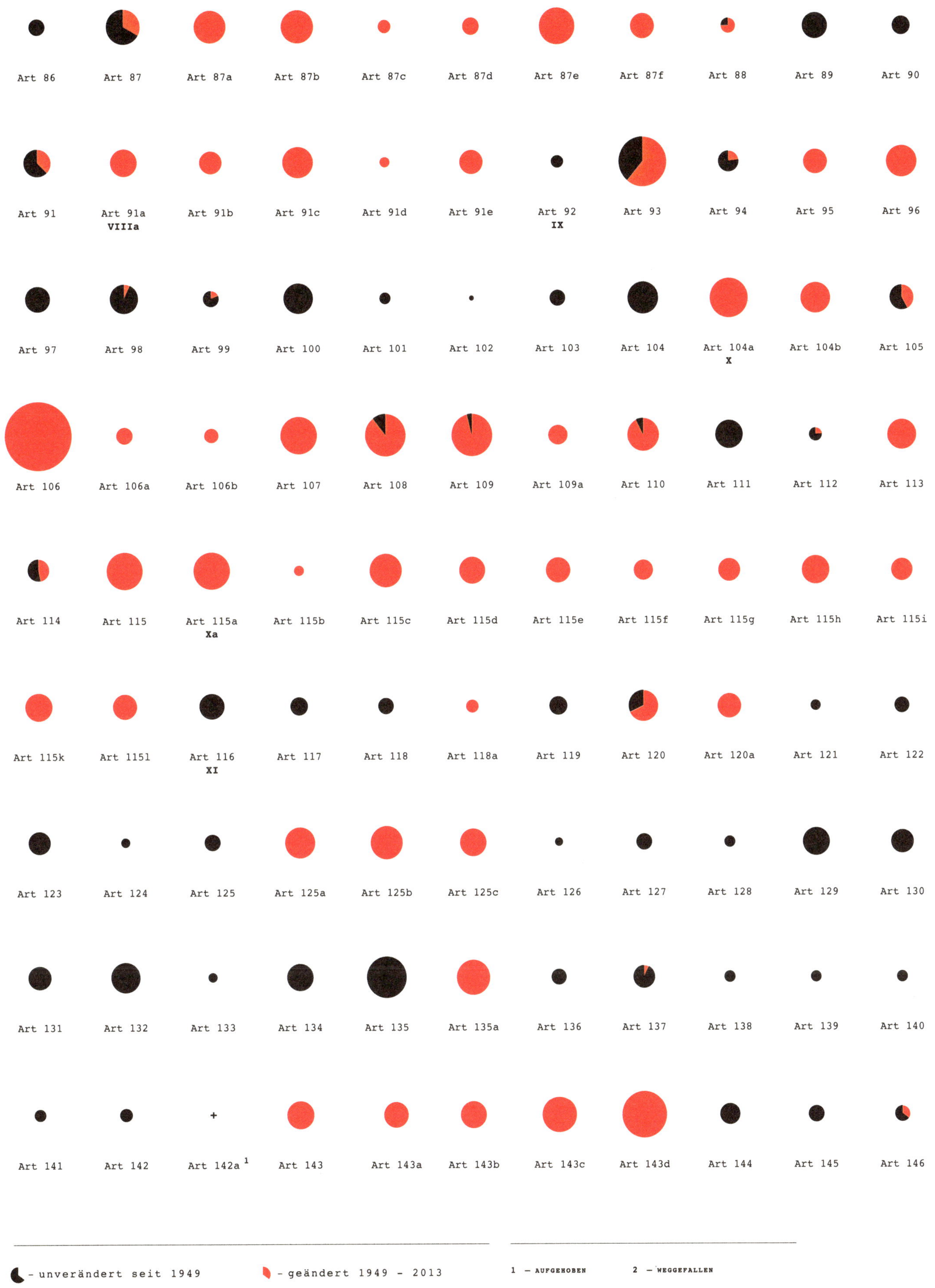
Art 86
Art 87
Art 87a
Art 87b
Art 87c
Art 87d
Art 87e
Art 87f
Art 88
Art 89
Art 90
Art 91
Art 91a VIIIa
Art 91b
Art 91c
Art 91d
Art 91e
Art 92 IX
Art 93
Art 94
Art 95
Art 96
Art 97
Art 98
Art 99
Art 100
Art 101
Art 102
Art 103
Art 104
Art 104a X
Art 104b
Art 105
Art 106
Art 106a
Art 106b
Art 107
Art 108
Art 109
Art 109a
Art 110
Art 111
Art 112
Art 113
Art 114
Art 115
Art 115a Xa
Art 115b
Art 115c
Art 115d
Art 115e
Art 115f
Art 115g
Art 115h
Art 115i
Art 115k
Art 115l
Art 116 XI
Art 117
Art 118
Art 118a
Art 119
Art 120
Art 120a
Art 121
Art 122
Art 123
Art 124
Art 125
Art 125a
Art 125b
Art 125c
Art 126
Art 127
Art 128
Art 129
Art 130
Art 131
Art 132
Art 133
Art 134
Art 135
Art 135a
Art 136
Art 137
Art 138
Art 139
Art 140
Art 141
Art 142
Art 142a 1
Art 143
Art 143a
Art 143b
Art 143c
Art 143d
Art 144
Art 145
Art 146
- unverändert seit 1949
- geändert 1949 - 2013
1 — AUFGEHOBEN
2 — WEGGEFALLEN

ÄNDERUNGEN

UND WIE MAN SIE VERHINDERT

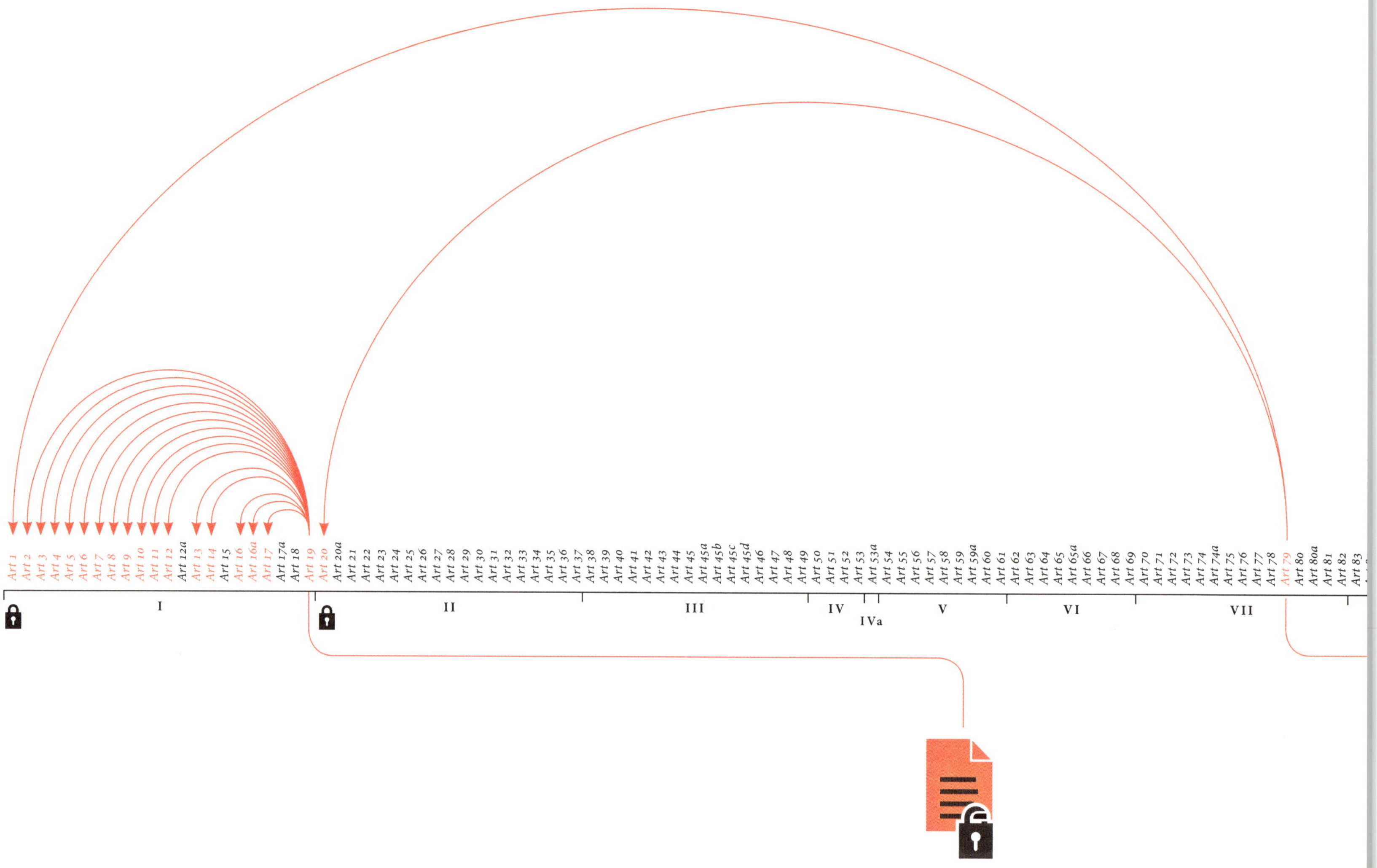

DER HARTE KERN DER VERFASSUNG

Was die Mitglieder des Parlamentarischen Rates einte, war die gemeinsame und unmittelbare Erfahrung mit dem nationalsozialistischen Unrechtsstaat.[1] Das Scheitern der ersten deutschen Demokratie, der **Weimarer Republik**, führten sie auf die strukturellen Schwächen ihrer Verfassung zurück, die von den Nationalsozialisten gezielt ausgenutzt worden waren. Um die freiheitlich-demokratische Grundordnung dauerhaft zu schützen, sollten Änderungen des Grundgesetzes erschwert und die **zentralen Verfassungselemente** gänzlich gesichert werden. Die Grundrechte stehen dabei unter besonderem Schutz.[2]

DAS WESEN DER RECHTE

Art. 19 Abs. 2
»In keinem Falle darf ein Grundrecht in seinem Wesensgehalt angetastet werden.«

In die Grundrechte darf nur in sehr beschränktem Maße eingegriffen werden. Man geht davon aus, dass jedes Grundrecht einen »**Kern**« hat, den Wesensgehalt, den der Gesetzgeber nach *Art. 19 Abs. 2 GG* nicht antasten darf (**Wesensgehaltsgarantie**). Die Grundrechte dürfen demnach in ihrem Wortlaut geändert oder ergänzt werden, aber keine veränderte Kernaussage erhalten.[3]

1 – **SIEHE: DEUTSCHER BUNDESTAG (HRSG.):** »Abgeordnete und Arbeitsbedingungen«. in: Blickpunkt Spezial - Der Parlamentarische Rat und das Grundgesetz. Berlin: Deutscher Bundestag. 2008. S. 8. URL: http://www.mitmischen.de/verstehen/infomaterial1/geschichte/Downloads/Parlamentarischer_Rat_und_das_Grundgesetz.pdf vom: 11.03.2013

2 – **SIEHE: PÖTZSCH, HORST (2009):** »Grundgesetz – Verfassungsreform«. aus: »Die Deutsche Demokratie«. 5. überarbeitete und aktualisierte Auflage. Bonn: Bundeszentrale für politische Bildung. 2009. S. 13 - 17. URL: http://www.bpb.de/politik/grundfragen/deutsche-demokratie/39291/grundgesetz?p=1 vom: 09.03.2013

3 – **SIEHE: HONIKEL, MICHAEL:** »Grundrechte«. Mannheim. URL: http://staatsrecht.honikel.de/de/grundrechte.htm#schutz vom: 29.03.2013

4 – **HERVORHEBUNGEN UND ERGÄNZUNGEN:** durch den Autor

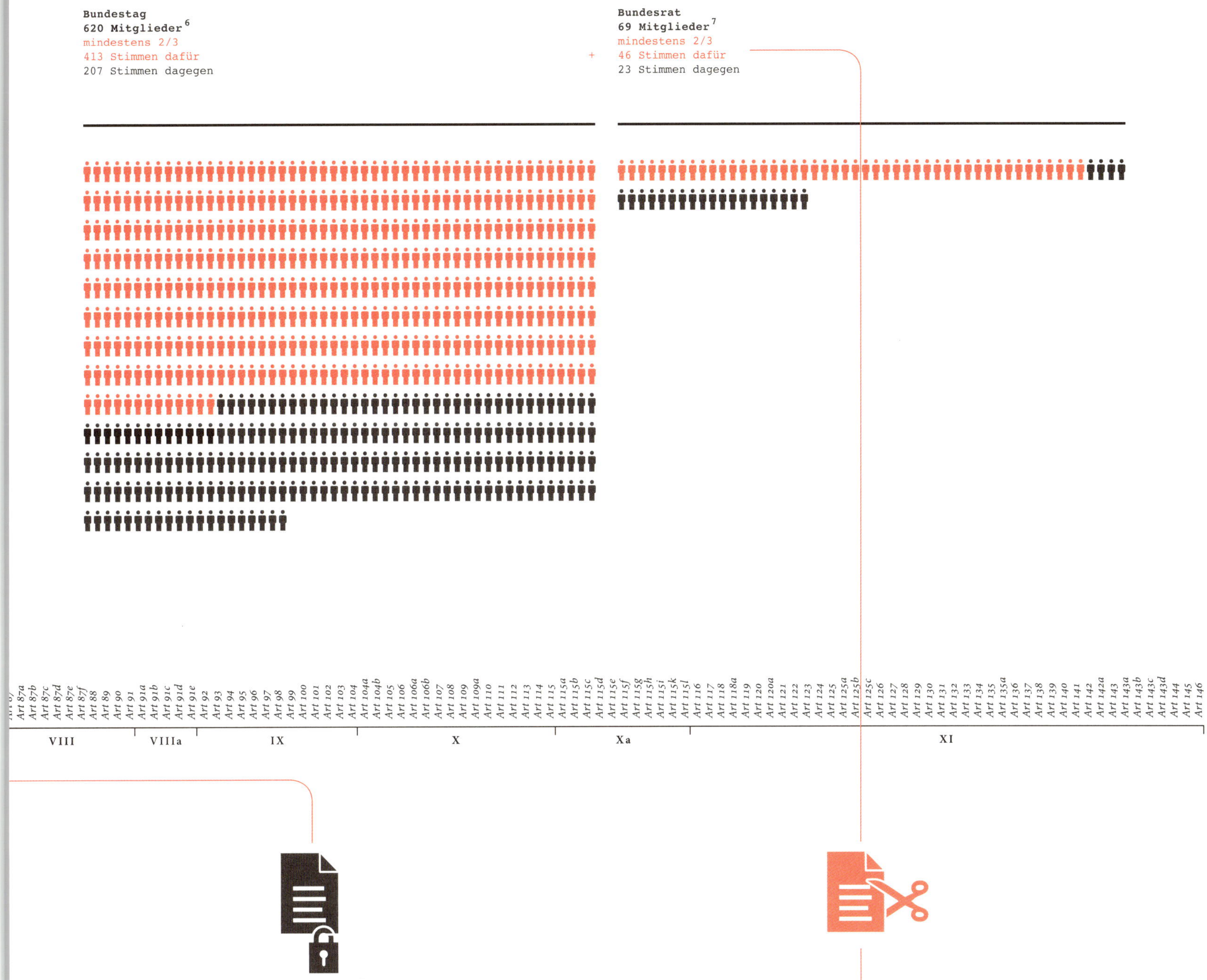

FÜR IMMER UND EWIG

Art. 79 Abs. 3

»Eine Änderung dieses Grundgesetzes, durch welche die Gliederung des Bundes in Länder, die grundsätzliche Mitwirkung der Länder bei der Gesetzgebung oder die in den *Artikeln 1* und *20* niedergelegten Grundsätze berührt werden, ist unzulässig.«[4]

Aufgrund der Erfahrung mit der nationalsozialistischen Diktatur wollte der Parlamentarische Rat ein erneutes Aushöhlen der Verfassungsgrundsätze verhindern. Mit der sogenannten **Ewigkeitsklausel** oder auch **Ewigkeitsgarantie** *(Art. 79 Abs. 3)* schuf er eine Verfassungsinnovation, die die Kernpunkte des Grundgesetzes, die **Würde des Menschen** *(Art. 1)* und die »**Verfassung in Kurzform**« *(Art. 20)*, für Änderungen unantastbar machte.[5]

5 – SIEHE: DREIER, HORST (2009): »Das Grundgesetz – eine Verfassung auf Abruf?« auf: Bundeszentrale für politische Bildung. URL: http://www.bpb.de/apuz/32023/das-grundgesetz-eine-verfassung-auf-abruf?p=all vom: 19.03.2013. Aus: »Politik und Zeitgeschichte – 60 Jahre Grundgesetz«. APuZ 2009. S. 18-19

ÄNDERUNGSWIDERSTAND

Art. 79 Abs. 2

»Ein solches *[Änderungs-]* Gesetz bedarf der Zustimmung von zwei Dritteln der Mitglieder des Bundestages und zwei Dritteln der Stimmen des Bundesrates.«[4]

Bis auf die geschützten Bereiche ist es durchaus möglich, Änderungen in der Verfassung vorzunehmen. Um sie dennoch vor wechselnden politischen Interessen zu schützen, hat der Parlamentarische Rat **hohe Abstimmungshürden** errichtet. Erst mit einem großen Konsens, einer jeweiligen **Zweidrittelmehrheit** von **Bundestag** und **Bundesrat**, ist ein Eingriff in das Grundgesetz möglich.[2]

6 – SIEHE: DEUTSCHER BUNDESTAG: »Plenum«. URL: http://www.bundestag.de/bundestag/plenum/index.jsp vom: 02.04.2013

7 – SIEHE: DEUTSCHER BUNDESRAT: »Organe und Mitglieder«. URL: http://www.bundesrat.de/cln_179/nn_6898/DE/organe-mitglieder/organe-mitglieder-node.html vom: 02.04.2013

DIE WICHTIGSTEN ÄNDERUNGEN

1949 – 2013

Die Verfassung ist kein in Stein gemeißeltes Regelwerk. Vielmehr ist sie ein sich veränderndes Abbild der gesellschaftlichen und politischen Wandlungen. Erst die Anpassungen der vergangenen Jahrzehnte vollzogen den Übergang des Provisoriums »Grundgesetz« zu einer vollständigen Verfassung.[1] Diese Entwicklung ist bis heute noch nicht abgeschlossen.

Wehrverfassung
7. Änderungsgesetz vom 19.03.1956

Die umstrittene Wehrverfassung führt die allgemeine Dienstpflicht ein und ebnet damit den Weg für eine Bundeswehr. Das siebte Änderungsgesetz umfasst 16 Einzeländerungen, unter anderem die Einschränkung der Berufsfreiheit (Art. 12 GG) oder die Grundrechtseinschränkungen im Wehrdienst (Art. 17a GG).[2]

Annahme durch den Bundestag[3]

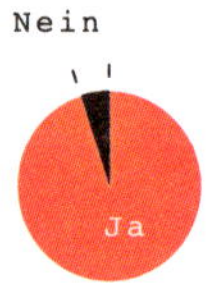

390 Ja-Stimmen
20 Nein-Stimmen
0 Enthaltungen

Notstandsverfassung
17. Änderungsgesetz vom 24.06.1968

Nach zehnjähriger Debatte erreicht die große Koalition aus CDU und SPD schließlich die notwendige Zweidrittelmehrheit zum Beschluss der Notstandsgesetze. Diese regeln die Zuständigkeit im äußeren oder inneren Krisenfall und ermöglichen die Einschränkung des Brief-, Post- und Fernmeldegeheimnisses (Art 10 GG). Der Beschluss hat landesweite Proteste zur Folge, da ein Rückfall in ein autoritäres System befürchtet wird.[4] Die Welle der Kritik kann das Gesetz zwar nicht verhindern, führt jedoch dazu, dass das Widerstandsrecht und die Verfassungsbeschwerde im Grundgesetz verankert werden.

Annahme durch den Bundestag

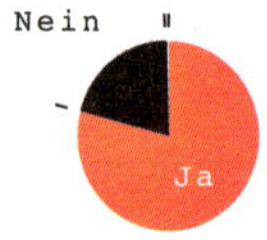

384 Ja-Stimmen
100 Nein-Stimmen
1 Enthaltung

Senkung des Wahlalters
27. Änderungsgesetz vom 31.07.1970

Ohne jegliche Gegenstimme beschließt der Bundestag die Herabsetzung des aktiven und passiven Wahlalters von 21 auf 18 Jahre.

Annahme durch den Bundestag

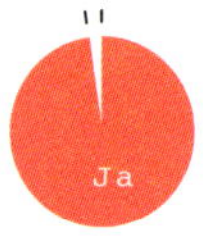

441 Ja-Stimmen
0 Nein-Stimmen
10 Enthaltungen

Wiedervereinigung
36. Änderungsgesetz vom 23.09.1990

Im Jahre 1990 stand das deutsche Grundgesetz am Scheideweg. Vier Jahrzehnte später als erhofft rückt die Wiedervereinigung von Ost- und Westdeutschland in greifbare Nähe. Nach der bundesrepublikanischen Verfassung gibt es zwei Möglichkeiten für den Zusammenschluss der beiden geteilten Staaten. Artikel 23 GG[5] sieht eine Ausweitung des Grundgesetzes auf die ostdeutschen Länder vor, während nach Artikel 146 GG die Verfassung per gesamtdeutscher Volksabstimmung durch eine neue ersetzt werden könnte.

Für einen Fortbestand des Grundgesetzes nach Artikel 23 sprechen mehrere Argumente, vor allem aber seine hohe Qualität und bisherige Erfolgsgeschichte. Eine neue Verfassung könnte die ursprünglichen Vorsätze des Parlamentarischen Rates verwässern.

---

1 – SIEHE: GUSY, CHRISTOPH: »Legitimität und Wandel des Grundgesetzes«. In: LpB Baden-Württemberg: »Der Bürger im Staat, Das Grundgesetz«. 2009. S. 47. URL: http://www.buergerimstaat.de/1_09/grundgesetz.pdf vom: 11.02.2013

2 – SIEHE: GUSY, CHRISTOPH (2008): »Das Grundgesetz im Wandel der Zeit«. Auf: Bundesamt für politische Bildung. URL: http://www.bpb.de/geschichte/deutsche-geschichte/grundgesetz-und-parlamentarischer-rat/38992/veraenderungen?p=all vom: 12.03.2013

3 – ALLE ABSTIMMUNGSERGEBNISSE SIEHE: MENZENBACH, STEFFI / NETTERSCHEIDT, ANJA / BECKEBANZE, MAREN / KUHN, LENA (2009): »Änderungen des Grundgesetzes seit

Frauen in der Bundeswehr
48. Änderungsgesetz vom 19.12.2000

Die durch ein Gerichtsurteil des Europäischen Gerichtshofes angestoßene Verfassungsänderung ermöglicht es Frauen, freiwillig in der Bundeswehr Dienst an der Waffe zu leisten.[9]

Annahme durch den Bundestag

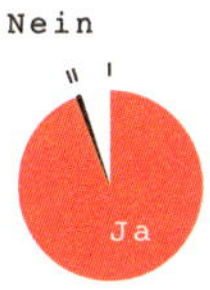

512 Ja-Stimmen
5 Nein-Stimmen
26 Enthaltungen

Föderalismusreform
52. Änderungsgesetz vom 28.08.2006

Sie ist der bis dato größte Verfassungseingriff mit 25 geänderten Artikeln. Die Föderalismusreform soll die Zuständigkeiten und Finanzbeziehungen zwischen Bund und Ländern klarer und effizienter gestalten.[9]

Annahme durch den Bundestag

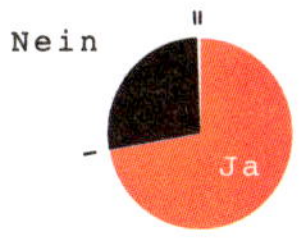

428 Ja-Stimmen
161 Nein-Stimmen
3 Enthaltungen

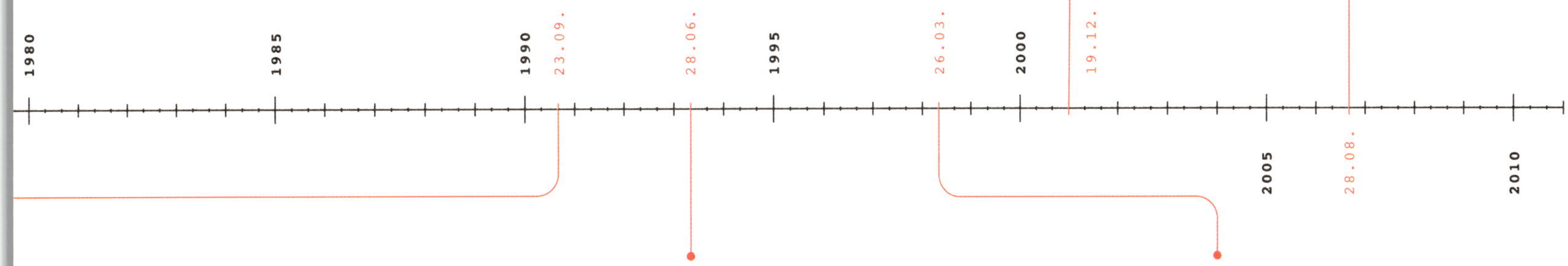

Die Verhandlungsführer von Ost und West befürchten, dass das »window of opportunity« für die Wiedervereinigung verpasst werden könnte. Eine schnelle Lösung entspricht auch dem Wunsch der Mehrheit der ostdeutschen Bevölkerung. Immer mehr Bürger kehren der DDR den Rücken, deren schlechte wirtschaftliche Lage sich dadurch weiter zuspitzt.[6]

Am 23. August 1990 stimmt die Volkskammer der DDR mehrheitlich für den Beitritt zur Bundesrepublik Deutschland nach Artikel 23 GG. Infolgedessen wird das Grundgesetz an 19 Stellen der neuen Situation angepasst und gilt fortan für »das gesamte Deutsche Volk« (Präambel GG).[7]

Annahme durch den Bundestag

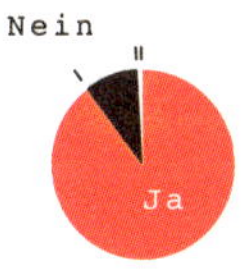

440 Ja-Stimmen
47 Nein-Stimmen
3 Enthaltungen

Asylrechtsreform
39. Änderungsgesetz vom 28.06.1993

Um die wachsenden Zahl von Asylbewerbern einzudämmen, beschließt der Bundestag 1993 die Einschränkung des Asylrechts. Demnach kann ein Antragsteller, der aus einem Land ohne politische Verfolgung stammt oder aus einem sicheren Drittland einreist, nicht mehr begünstigt werden.[7]

Annahme durch den Bundestag

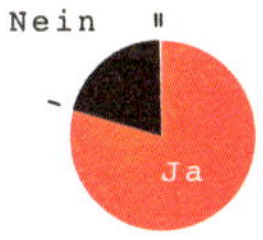

521 Ja-Stimmen
132 Nein-Stimmen
1 Enthaltung

Großer Lauschangriff
45. Änderungsgesetz vom 26.03.1998

Aufgrund der wachsenden organisierten Kriminalität wird mit dem »Großen Lauschangriff« eine der bisher kontroversesten Verfassungsänderungen beschlossen. Sie beschränkt das Grundrecht der »Unverletzlichkeit der Wohnung«[8] und erlaubt im Verdachtsfall die akustische Überwachung des Wohnraumes. Aus Protest tritt daraufhin die Justizministerin Sabine Leutheusser-Schnarrenberger von ihrem Amt zurück.

Annahme durch den Bundestag

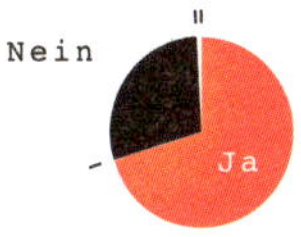

452 Ja-Stimmen
184 Nein-Stimmen
5 Enthaltungen

1949«. Berlin: Deutscher Bundestag. WD 3 – 380/09. Anlage 1, S. 2 ff. URL: http://www.bundestag.de/dokumente/analysen/2009/aenderungen_des_grundgesetzes_seit_1949.pdf vom: 10.04.2013

4 – SIEHE: STIFTUNG HAUS DER GESCHICHTE DER BUNDESREPUBLIK DEUTSCHLAND: »Große Koalition: Notstandsgesetze«. URL: http://www.hdg.de/lemo/html/DasGeteilteDeutschland/KontinuitaetUndWandel/GrosseKoalition/notstandsgesetze.html vom: 09.03.2013

5 – ARTIKEL 23 GG wurde im Zuge der Wiedervereinigung aufgehoben und 1992 durch den »Europaartikel« ersetzt.

6 – SIEHE: MÜNCH, URSULA (2008): »1990: Grundgesetz oder neue Verfassung?«. Auf: Bundeszentrale für politische Bildung. URL: http://www.bpb.de/geschichte/deutsche-geschichte/grundgesetz-und-parlamentarischer-rat/38984/deutsche-einheit vom: 19.03.2013

7 – SIEHE: PÖTZSCH, HORST (2009): »Grundgesetz – Verfassungsreform«. Aus: »Die Deutsche Demokratie.« 5. überarbeitete und aktualisierte Auflage, Bonn: Bundeszentrale für politische Bildung 2009, S. 13 - 17. URL: http://www.bpb.de/politik/grundfragen/deutsche-demokratie/39291/grundgesetz?p=2 vom: 09.03.2013

8 – SIEHE: DEUTSCHER BUNDESTAG (HRSG.): »Erfolgsgeschichte und Vorbild«. In: »Blickpunkt Spezial - Der Parlamentarische Rat und das Grundgesetz«. Berlin: Deutscher Bundestag. 2008. S. 22. URL: https://www.btg-bestellservice.de/pdf/40111000.pdf vom: 11.02.2013

9 – EBENDA. S. 24

Präambel
Artikel 1
Artikel 2
Artikel 3
Artikel 4
Artikel 5
Artikel 6
Artikel 7
Artikel 8
Artikel 9
Artikel 10
Artikel 11
Artikel 12
Artikel 12a

Artikel 13
Artikel 14
Artikel 15
Artikel 16
Artikel 16a
Artikel 17
Artikel 17a
Artikel 18
Artikel 19
DIE PRÄAMBEL UND DER GRUNDRECHTEKATALOG, STAND 2013
UNVERÄNDERT
GEÄNDERT / NEU

DIE ÄNDERUNGEN DER GRUNDRECHTE[1,2,3]

Änderungsgesetze[4]

1949 → 2013

DIE GRUNDRECHTE (1949)

Artikel 1
(1) Die Würde des Menschen ist unantastbar. Sie zu achten und zu schützen ist Verpflichtung aller staatlichen Gewalt.
(2) Das Deutsche Volk bekennt sich darum zu unverletzlichen und unveräußerlichen Menschenrechten als Grundlage jeder menschlichen Gemeinschaft, des Friedens und der Gerechtigkeit in der Welt.
(3) Die nachfolgenden Grundrechte binden Gesetzgebung, Verwaltung und Rechtsprechung als unmittelbar geltendes Recht.

Wehrverfassung
7. Änderungsgesetz
vom 19. März 1956
‣ Art 12
‣ Art 17a

Artikel 3
(1) Alle Menschen sind vor dem Gesetz gleich.
(2) Männer und Frauen sind gleichberechtigt.

Gleichberechtigung
42. Grundgesetzänderung
vom 27. Oktober 1994

(3) Niemand darf wegen seines Geschlechtes, seiner Abstammung, seiner Rasse, seiner Sprache, seiner Heimat und Herkunft, seines Glaubens, seiner religiösen oder politischen Anschauungen benachteiligt oder bevorzugt werden.

Artikel 9
(1) Alle Deutschen haben das Recht, Vereine und Gesellschaften zu bilden.
(2) Vereinigungen, deren Zwecke oder deren Tätigkeit den Strafgesetzen zuwiderlaufen oder die sich gegen die verfassungsmäßige Ordnung oder gegen den Gedanken der Völkerverständigung richten, sind verboten.
(3) Das Recht, zur Wahrung und Förderung der Arbeits- und Wirtschaftsbedingungen Vereinigungen zu bilden, ist für jedermann und für alle Berufe gewährleistet. Abreden, die dieses Recht einschränken oder zu behindern suchen, sind nichtig, hierauf gerichtete Maßnahmen sind rechtswidrig.

Notstandsverfassung
17. Änderungsgesetz
vom 24. Juni 1968
‣ Art 10
‣ Art 11
‣ Art 12a
‣ Art 19

DIE GRUNDRECHTE (2013)

Artikel 1
(1) Die Würde des Menschen ist unantastbar. Sie zu achten und zu schützen ist Verpflichtung aller staatlichen Gewalt.
(2) Das Deutsche Volk bekennt sich darum zu unverletzlichen und unveräußerlichen Menschenrechten als Grundlage jeder menschlichen Gemeinschaft, des Friedens und der Gerechtigkeit in der Welt.
(3) Die nachfolgenden Grundrechte binden Gesetzgebung, vollziehende Gewalt und Rechtsprechung als unmittelbar geltendes Recht.

Artikel 3
(1) Alle Menschen sind vor dem Gesetz gleich.
(2) Männer und Frauen sind gleichberechtigt. Der Staat fördert die tatsächliche Durchsetzung der Gleichberechtigung von Frauen und Männern und wirkt auf die Beseitigung bestehender Nachteile hin.
(3) Niemand darf wegen seines Geschlechtes, seiner Abstammung, seiner Rasse, seiner Sprache, seiner Heimat und Herkunft, seines Glaubens, seiner religiösen oder politischen Anschauungen benachteiligt oder bevorzugt werden. Niemand darf wegen seiner Behinderung benachteiligt werden.

Artikel 9
(1) Alle Deutschen haben das Recht, Vereine und Gesellschaften zu bilden.
(2) Vereinigungen, deren Zwecke oder deren Tätigkeit den Strafgesetzen zuwiderlaufen oder die sich gegen die verfassungsmäßige Ordnung oder gegen den Gedanken der Völkerverständigung richten, sind verboten.
(3) Das Recht, zur Wahrung und Förderung der Arbeits- und Wirtschaftsbedingungen Vereinigungen zu bilden, ist für jedermann und für alle Berufe gewährleistet. Abreden, die dieses Recht einschränken oder zu behindern suchen, sind nichtig, hierauf gerichtete Maßnahmen sind rechtswidrig. Maßnahmen nach den *Artikeln 12a, 35 Abs. 2* und *3, Artikel 87a Abs. 4* und *Artikel 91* dürfen sich nicht gegen Arbeitskämpfe

Änderungsgesetze

1949

Artikel 10
Das Briefgeheimnis sowie das Post- und Fernmeldegeheimnis sind unverletzlich. Beschränkungen dürfen nur auf Grund eines Gesetzes angeordnet werden.

Notstandsverfassung
17. Änderungsgesetz
vom 24. Juni 1968
‣ Art 9
‣ Art 11
‣ Art 12a
‣ Art 19

Artikel 11
(1) Alle Deutschen genießen Freizügigkeit im ganzen Bundesgebiet.
(2) Dieses Recht darf nur durch Gesetz und nur für die Fälle eingeschränkt werden, in denen eine ausreichende Lebensgrundlage nicht vorhanden ist und der Allgemeinheit daraus besondere Lasten entstehen würden und in denen es zum Schutze der Jugend vor Verwahrlosung, zur Bekämpfung von Seuchengefahr oder um strafbare Handlungen vorzubeugen, erforderlich ist.

Notstandsverfassung
17. Änderungsgesetz
vom 24. Juni 1968
‣ Art 9
‣ Art 10
‣ Art 12a
‣ Art 19

Artikel 12
(1) Alle Deutschen haben das Recht, Beruf, Arbeitsplatz und Ausbildungsstätte frei zu wählen. Die Berufsausübung kann durch Gesetz geregelt werden.

(2) Niemand darf zu einer bestimmten Arbeit gezwungen werden, außer im Rahmen einer herkömmlichen allgemeinen, für alle gleichen öffentlichen Dienstleistungspflicht.
(3) Zwangsarbeit ist nur bei einer gerichtlich angeordneten Freiheitsentziehung zulässig.

Wehrverfassung
7. Änderungsgesetz
vom 19. März 1956
‣ Art 1 Abs 3
‣ Art 17a

Änderungsgesetze

2013

richten, die zur Wahrung und Förderung der Arbeits- und Wirtschaftsbedingungen von Vereinigungen im Sinne des *Satzes 1* geführt werden.

Artikel 10
(1) Das Briefgeheimnis sowie das Post- und Fernmeldegeheimnis sind unverletzlich.
(2) Beschränkungen dürfen nur auf Grund eines Gesetzes angeordnet werden. Dient die Beschränkung dem Schutze der freiheitlichen demokratischen Grundordnung oder des Bestandes oder der Sicherung des Bundes oder eines Landes, so kann das Gesetz bestimmen, daß sie dem Betroffenen nicht mitgeteilt wird und daß an die Stelle des Rechtsweges die Nachprüfung durch von der Volksvertretung bestellte Organe und Hilfsorgane tritt.

Artikel 11
(1) Alle Deutschen genießen Freizügigkeit im ganzen Bundesgebiet.
(2) Dieses Recht darf nur durch Gesetz oder auf Grund eines Gesetzes und nur für die Fälle eingeschränkt werden, in denen eine ausreichende Lebensgrundlage nicht vorhanden ist und der Allgemeinheit daraus besondere Lasten entstehen würden oder in denen es zur Abwehr einer drohenden Gefahr für den Bestand oder die freiheitliche demokratische Grundordnung des Bundes oder eines Landes, zur Bekämpfung von Seuchengefahr, Naturkatastrophen oder besonders schweren Unglücksfällen, zum Schutze der Jugend vor Verwahrlosung oder um strafbaren Handlungen vorzubeugen, erforderlich ist.

Artikel 12
(1) Alle Deutschen haben das Recht, Beruf, Arbeitsplatz und Ausbildungsstätte frei zu wählen. Die Berufsausübung kann durch Gesetz oder auf Grund eines Gesetzes geregelt werden.
(2) Niemand darf zu einer bestimmten Arbeit gezwungen werden, außer im Rahmen einer herkömmlichen allgemeinen, für alle gleichen öffentlichen Dienstleistungspflicht.
(3) Zwangsarbeit ist nur bei einer gerichtlich angeordneten Freiheitsentziehung zulässig.

1949 → 2013

Notstandsverfassung
17. Änderungsgesetz
vom 24. Juni 1968
- Art 9
- Art 10
- Art 11
- Art 19

Artikel 12a
(1) Männer können vom vollendeten achtzehnten Lebensjahr an zum Dienst in den Streitkräften, im Bundesgrenzschutz oder in einem Zivilschutzverband verpflichtet werden.
(2) Wer aus Gewissensgründen den Kriegsdienst mit der Waffe verweigert, kann zu einem Ersatzdienst verpflichtet werden. Die Dauer des Ersatzdienstes darf die Dauer des Wehrdienstes nicht übersteigen. Das Nähere regelt ein Gesetz, das die Freiheit der Gewissensentscheidung nicht beeinträchtigen darf und auch eine Möglichkeit des Ersatzdienstes vorsehen muß, die in keinem Zusammenhang mit den Verbänden der Streitkräfte und des Bundesgrenzschutzes steht.
(3) Wehrpflichtige, die nicht zu einem Dienst nach *Absatz 1* oder *2* herangezogen sind, können im Verteidigungsfalle durch Gesetz oder auf Grund eines Gesetzes zu zivilen Dienstleistungen für Zwecke der Verteidigung einschließlich des Schutzes der Zivilbevölkerung in Arbeitsverhältnisse verpflichtet werden; Verpflichtungen in öffentlich-rechtliche Dienstverhältnisse sind nur zur Wahrnehmung polizeilicher Aufgaben oder solcher hoheitlichen Aufgaben der öffentlichen Verwaltung, die nur in einem öffentlich-rechtlichen Dienstverhältnis erfüllt werden können, zulässig. Arbeitsverhältnisse nach *Satz 1* können bei den Streitkräften, im Bereich ihrer Versorgung sowie bei der öffentlichen Verwaltung begründet werden; Verpflichtungen in Arbeitsverhältnisse im Bereiche der Versorgung der Zivilbevölkerung sind nur zulässig, um ihren lebensnotwendigen Bedarf zu decken oder ihren Schutz sicherzustellen.
(4) Kann im Verteidigungsfalle der Bedarf an zivilen Dienstleistungen im zivilen Sanitäts- und Heilwesen sowie in der ortsfesten militärischen Lazarettorganisation nicht auf freiwilliger Grundlage gedeckt werden, so können Frauen vom vollendeten achtzehnten bis zum vollendeten fünfundfünfzigsten Lebensjahr durch Gesetz oder auf Grund eines Gesetzes zu derartigen Dienstleistungen herangezogen werden. Sie dürfen auf keinen Fall zum Dienst mit der Waffe verpflichtet werden.
(5) Für die Zeit vor dem Verteidigungsfalle können Verpflichtungen nach *Absatz 3* nur nach Maßgabe des *Artikels 80a Abs. 1* begründet werden. Zur Vorbereitung auf Dienstleistungen nach *Absatz 3*, für die besondere Kenntnisse oder Fertigkeiten erforderlich sind, kann durch Gesetz oder auf Grund eines Geset-

1949 → 2013

zes die Teilnahme an Ausbildungsveranstaltungen zur Pflicht gemacht werden. *Satz 1* findet insoweit keine Anwendung.
(6) Kann im Verteidigungsfalle der Bedarf an Arbeitskräften für die in *Absatz 3 Satz 2* genannten Bereiche auf freiwilliger Grundlage nicht gedeckt werden, so kann zur Sicherung dieses Bedarfs die Freiheit der Deutschen, die Ausübung eines Berufs oder den Arbeitsplatz aufzugeben, durch Gesetz oder auf Grund eines Gesetzes eingeschränkt werden. Vor Eintritt des Verteidigungsfalles gilt *Absatz 5 Satz 1* entsprechend.

Artikel 13
(1) Die Wohnung ist unverletzlich.
(2) Durchsuchungen dürfen nur durch den Richter, bei Gefahr im Verzuge auch durch die in den Gesetzen vorgesehenen anderen Organe angeordnet und nur in der dort vorgeschriebenen Form durchgeführt werden.
(3) Eingriffe und Beschränkungen dürfen im übrigen nur zur Abwehr einer gemeinen Gefahr oder einer Lebensgefahr für einzelne Personen, auf Grund eines Gesetzes auch zur Verhütung dringender Gefahren für die öffentliche Sicherheit und Ordnung, insbesondere zur Behebung der Raumnot, zur Bekämpfung von Seuchengefahr oder zum Schutze gefährdeter Jugendlicher vorgenommen werden.

Großer Lauschangriff
45. Änderungsgesetz
vom 26. März 1998

Artikel 13
(1) Die Wohnung ist unverletzlich.
(2) Durchsuchungen dürfen nur durch den Richter, bei Gefahr im Verzuge auch durch die in den Gesetzen vorgesehenen anderen Organe angeordnet und nur in der dort vorgeschriebenen Form durchgeführt werden.
(3) Begründen bestimmte Tatsachen den Verdacht, daß jemand eine durch Gesetz einzeln bestimmte besonders schwere Straftat begangen hat, so dürfen zur Verfolgung der Tat auf Grund richterlicher Anordnung technische Mittel zur akustischen Überwachung von Wohnungen, in denen der Beschuldigte sich vermutlich aufhält, eingesetzt werden, wenn die Erforschung des Sachverhalts auf andere Weise unverhältnismäßig erschwert oder aussichtslos wäre. Die Maßnahme ist zu befristen. Die Anordnung erfolgt durch einen mit drei Richtern besetzten Spruchkörper. Bei Gefahr im Verzug kann sie auch durch einen einzelnen Richter getroffen werden.
(4) Zur Abwehr dringender Gefahren für die öffentliche Sicherheit, insbesondere einer gemeinen Gefahr oder einer Lebensgefahr, dürfen technische Mittel zur Überwachung von Wohnungen nur auf Grund richterlicher Anordnung eingesetzt werden. Bei Gefahr im Verzuge kann die Maßnahme auch durch eine andere gesetzlich bestimmte Stelle angeordnet werden; eine richterliche Entscheidung ist unverzüglich nachzuholen.
(5) Sind technische Mittel ausschließlich zum Schutze der bei einem Einsatz in Wohnungen tätigen Personen vorgesehen, kann die Maßnahme durch eine gesetzlich bestimmte Stelle angeordnet werden. Eine anderweitige Verwertung der hierbei erlangten Erkenntnisse ist nur zum Zwecke der Strafverfolgung oder der Gefahrenabwehr und nur zulässig, wenn zuvor die Rechtmäßigkeit der Maßnahme richterlich festgestellt ist; bei Gefahr im Verzuge ist die richterliche Entscheidung unverzüglich nachzuholen.
(6) Die Bundesregierung unterrichtet den Bundestag jährlich über den nach *Absatz 3* sowie über den im Zuständigkeitsbereich des Bundes nach *Absatz 4* und, soweit richterlich überprüfungsbedürftig, nach *Absatz 5* erfolgten Einsatz technischer Mittel. Ein vom Bundestag gewähltes Gremium übt auf der Grundlage dieses Berichts die parlamentarische Kontrolle aus. Die Länder gewährleisten eine gleichwertige parlamentarische Kontrolle.

1949

Artikel 16
(1) Die deutsche Staatsangehörigkeit darf nicht entzogen werden. Der Verlust der Staatsangehörigkeit darf nur auf Grund eines Gesetzes und gegen den Willen des Betroffenen nur dann eintreten, wenn der Betroffene dadurch nicht staatenlos wird.
(2) Kein Deutscher darf an das Ausland ausgeliefert werden. Politisch verfolgte genießen Asylrecht.

Auslieferung Deutscher
47. Änderungsgesetz
vom 29. November 2000

Asylrechtsreform
39. Änderungsgesetz
vom 28. Juni 1993
▸ Art 18

1 – TEXTÄNDERUNGEN IN ROT SIEHE: VERFASSUNGEN DER WELT (2010): »Grundgesetz für die Bundesrepublik Deutschland«. 1949, mit Änderungsindex. Stand: 29.06.2009. URL: http://www.verfassungen.de/de/gg49-i.htm vom: 19.03.2013

2 – ERGÄNZENDE TEXTÄNDERUNGEN SIEHE: »GRUNDGESETZ FÜR DIE BUNDESREPUBLIK DEUTSCHLAND«. Auf: Fuchs, Thomas (2012): Lexetius, Rechtsdatenbank, URL: http://lexetius.com/GG/Inhalt vom: 19.03.2013

3 – KURSIVIERUNGEN: durch den Autor

4 – ÄNDERUNGSGESETZE SIEHE: MENZENBACH, STEFFI / ROBBE, PATRIZIA / KUHN, LENA / WILCKE, KAROLIN (2009): »60 Jahre Grundgeset – Zahlen und Fakten«. Berlin: Deutscher Bundestag. WD 3 – 381/09. Anlage 1, S. 2. URL: http://www.bundestag.de/dokumente/analysen/2009/60_Jahre_Grundgesetz.pdf vom: 30.01.2013

F – FOTO SOLDAT: Wikipedia / Urheber: E. Heidtmann / Lizenz: Creative Commons BY-SA / 06.12.2004

F – FOTO LAUSCHANGRIFF: picture-alliance / ZB / Hubert Lin

2013

(7) Eingriffe und Beschränkungen dürfen im übrigen nur zur Abwehr einer gemeinen Gefahr oder einer Lebensgefahr für einzelne Personen, auf Grund eines Gesetzes auch zur Verhütung dringender Gefahren für die öffentliche Sicherheit und Ordnung, insbesondere zur Behebung der Raumnot, zur Bekämpfung von Seuchengefahr oder zum Schutze gefährdeter Jugendlicher vorgenommen werden.

Artikel 16

(1) Die deutsche Staatsangehörigkeit darf nicht entzogen werden. Der Verlust der Staatsangehörigkeit darf nur auf Grund eines Gesetzes und gegen den Willen des Betroffenen nur dann eintreten, wenn der Betroffene dadurch nicht staatenlos wird.

(2) Kein Deutscher darf an das Ausland ausgeliefert werden. Durch Gesetz kann eine abweichende Regelung für Auslieferungen an einen Mitgliedstaat der Europäischen Union oder an einen internationalen Gerichtshof getroffen werden, soweit rechtsstaatliche Grundsätze gewahrt sind.

Artikel 16a

(1) Politisch verfolgte genießen Asylrecht.

(2) Auf *Absatz 1* kann sich nicht berufen, wer aus einem Mitgliedstaat der Europäischen Gemeinschaft oder aus einem anderen Drittstaat einreist, in dem die Anwendung des Abkommens über die Rechtsstellung der Flüchtlinge und der Konvention zum Schutze der Menschenrechte und Grundfreiheiten sichergestellt ist. Die Staaten außerhalb der europäischen Gemeinschaften, auf die die Voraussetzungen des *Satzes 1* zutreffen, werden durch Gesetz, das der Zustimmung des Bundesrates bedarf, bestimmt. In den Fällen des *Satzes 1* können aufenthaltsbeendende Maßnahmen unabhängig von einem hiergegen eingelegten Rechtsbehelf vollzogen werden.

(3) Durch Gesetz, das der Zustimmung des Bundesrates bedarf, können Staaten bestimmt werden, bei denen auf Grund der Rechtslage, der Rechtsanwendung und der allgemeinen politischen Verhältnisse gewährleistet erscheint, dass dort weder politische Verfolgung noch unmenschliche oder erniedrigende Bestrafung oder Behandlung stattfindet. Es wird vermutet, dass ein Ausländer aus einem solchen Staat nicht verfolgt wird, solange er nicht Tatsachen vorträgt, die die Annahme begründen, dass er entgegen dieser Vermutung politisch verfolgt wird.

(4) Die Vollziehung aufenthaltsbeendender Maßnahmen wird in allen Fällen des *Absatzes 3* und in anderen Fällen, die offensichtlich unbegründet sind oder als offensichtlich unbegründet gelten, durch das Gericht nur ausgesetzt, wenn ernstliche Zweifel an der Rechtmäßigkeit der Maßnahme bestehen; der Prüfungsumfang kann eingeschränkt werden und verspätetes Vorbringen unberücksichtigt bleiben. Das Nähere ist durch Gesetz zu bestimmen.

(5) Die *Absätze 1* bis *4* stehen völkerrechtlichen Verträgen von Mitgliedsstaaten der Europäischen Gemeinschaft untereinander und mit dritten Staaten nicht entgegen, die unter Beachtung der Verpflichtungen aus dem Abkommen über die Rechtsstellung der Flüchtlinge und der Konvention zum Schutze der Menschenrechte und Grundfreiheiten, deren Anwendung in den Vertragsstaaten sichergestellt sein muss, Zuständigkeitsregelungen für die Prüfung von Asylbegehren einschließlich der gegenseitigen Anerkennung von Asylentscheidungen treffen.

1949 → 2013

Wehrverfassung
7. Änderungsgesetz
vom 19. März 1956
‣ Art 1 Abs 3
‣ Art 12

Artikel 17a (2013)

(1) Gesetze über Wehrdienst und Ersatzdienst können bestimmen, daß für die Angehörigen der Streitkräfte und des Ersatzdienstes während der Zeit des Wehr- oder Ersatzdienstes das Grundrecht, seine Meinung in Wort, Schrift und Bild frei zu äußern und zu verbreiten *(Artikel 5 Abs. 1 Satz 1 erster Halbsatz)*, das Grundrecht der Versammlungsfreiheit *(Artikel 8)* und das Petitionsrecht *(Artikel 17)*, soweit es das Recht gewährt, Bitten oder Beschwerden in Gemeinschaft mit anderen vorzubringen, eingeschränkt werden.

(2) Gesetze, die der Verteidigung einschließlich des Schutzes der Zivilbevölkerung dienen, können bestimmen, daß die Grundrechte der Freizügigkeit *(Artikel 11)* und der Unverletzlichkeit der Wohnung *(Artikel 13)* eingeschränkt werden.

1949

Artikel 18

Wer die Freiheit der Meinungsäußerung, insbesondere die Pressefreiheit *(Artikel 5 Abs. 1)*, die Lehrfreiheit *(Artikel 5 Abs. 3)*, die Versammlungsfreiheit *(Artikel 8)*, die Vereinigungsfreiheit *(Artikel 9)*, das Brief-, Post- und Fernmeldegeheimnis *(Artikel 10)*, das Eigentum *(Artikel 14)* oder das Asylrecht *(Artikel 16 Absatz 2)* zum Kampfe gegen die freiheitliche demokratische Grundordnung mißbraucht, verwirkt diese Grundrechte. Die Verwirkung und ihr Ausmaß werden durch das Bundesverfassungsgericht ausgesprochen.

Artikel 19

(1) Soweit nach diesem Grundgesetz ein Grundrecht durch Gesetz oder auf Grund eines Gesetzes eingeschränkt werden kann, muß das Gesetz allgemein und nicht nur für den Einzelfall gelten. Außerdem muß das Gesetz das Grundrecht unter Angabe des Artikels nennen.

(2) In keinem Falle darf ein Grundrecht in seinem Wesensgehalt angetastet werden.

(3) Die Grundrechte gelten auch für inländische juristische Personen, soweit sie ihrem Wesen nach auf diese anwendbar sind.

(4) Wird jemand durch die öffentliche Gewalt in seinen Rechten verletzt, so steht ihm der Rechtsweg offen. Soweit eine andere Zuständigkeit nicht begründet ist, ist der ordentliche Rechtsweg gegeben.

2013

Artikel 18

Wer die Freiheit der Meinungsäußerung, insbesondere die Pressefreiheit *(Artikel 5 Abs. 1)*, die Lehrfreiheit *(Artikel 5 Abs. 3)*, die Versammlungsfreiheit *(Artikel 8)*, die Vereinigungsfreiheit *(Artikel 9)*, das Brief-, Post- und Fernmeldegeheimnis *(Artikel 10)*, das Eigentum *(Artikel 14)* oder das Asylrecht *(Artikel 16a)* zum Kampfe gegen die freiheitliche demokratische Grundordnung mißbraucht, verwirkt diese Grundrechte. Die Verwirkung und ihr Ausmaß werden durch das Bundesverfassungsgericht ausgesprochen.

Artikel 19

(1) Soweit nach diesem Grundgesetz ein Grundrecht durch Gesetz oder auf Grund eines Gesetzes eingeschränkt werden kann, muß das Gesetz allgemein und nicht nur für den Einzelfall gelten. Außerdem muß das Gesetz das Grundrecht unter Angabe des Artikels nennen.

(2) In keinem Falle darf ein Grundrecht in seinem Wesensgehalt angetastet werden.

(3) Die Grundrechte gelten auch für inländische juristische Personen, soweit sie ihrem Wesen nach auf diese anwendbar sind.

(4) Wird jemand durch die öffentliche Gewalt in seinen Rechten verletzt, so steht ihm der Rechtsweg offen. Soweit eine andere Zuständigkeit nicht begründet ist, ist der ordentliche Rechtsweg gegeben. *Artikel 10 Abs. 2 Satz 2* bleibt unberührt.

IV.
GRUNDRECHTE

DIE MENSCHEN- UND BÜRGERRECHTE

Karlsruhe: Das Bundesverfassungsgericht wird als die »wichtigste politische Innovation der Bundesrepublik Deutschland« bezeichnet.[1] Es gilt als der Bewahrer des Grundgesetzes, indem es das Handeln der Regierung, der Rechtsprechung und der Gesetzgebung auf Vereinbarkeit mit der Verfassung prüft. Ebenso hat jeder Einzelne, der sich durch den Staat in seinen Grundrechten verletzt fühlt, die Möglichkeit Verfassungsbeschwerde einzureichen.[2]

1 – **SIEHE: KIELMANSEGG, PETER GRAF.** Zitiert nach: Reissenberger, Michael: »Machtfaktor Klugheit«. In: Landeszentrale für politische Bildung Baden-Württemberg (Hrsg.) (2009): »Der Bürger im Staat, Das Grundgesetz«. S. 52. URL: http://www.buergerimstaat.de/1_09/grundgesetz.pdf vom: 11.02.2013

2 – **SIEHE: PÖTZSCH, HORST (2008):** »Bewahrer des Grundgesetzes«. Auf: Bundeszentrale für Politische Bildung. URL: http://www.bpb.de/geschichte/deutsche-geschichte/grundgesetz-und-parlamentarischer-rat/38997/das-bverfg vom: 11.02.2013

F – **FOTO VERFASSUNGSRICHTER:** picture-alliance / dpa / Ronald Wittek

GESCHICHTE
DER GRUNDRECHTE

VERFASSUNGSENTWICKLUNG IN DEN LÄNDERN[1]

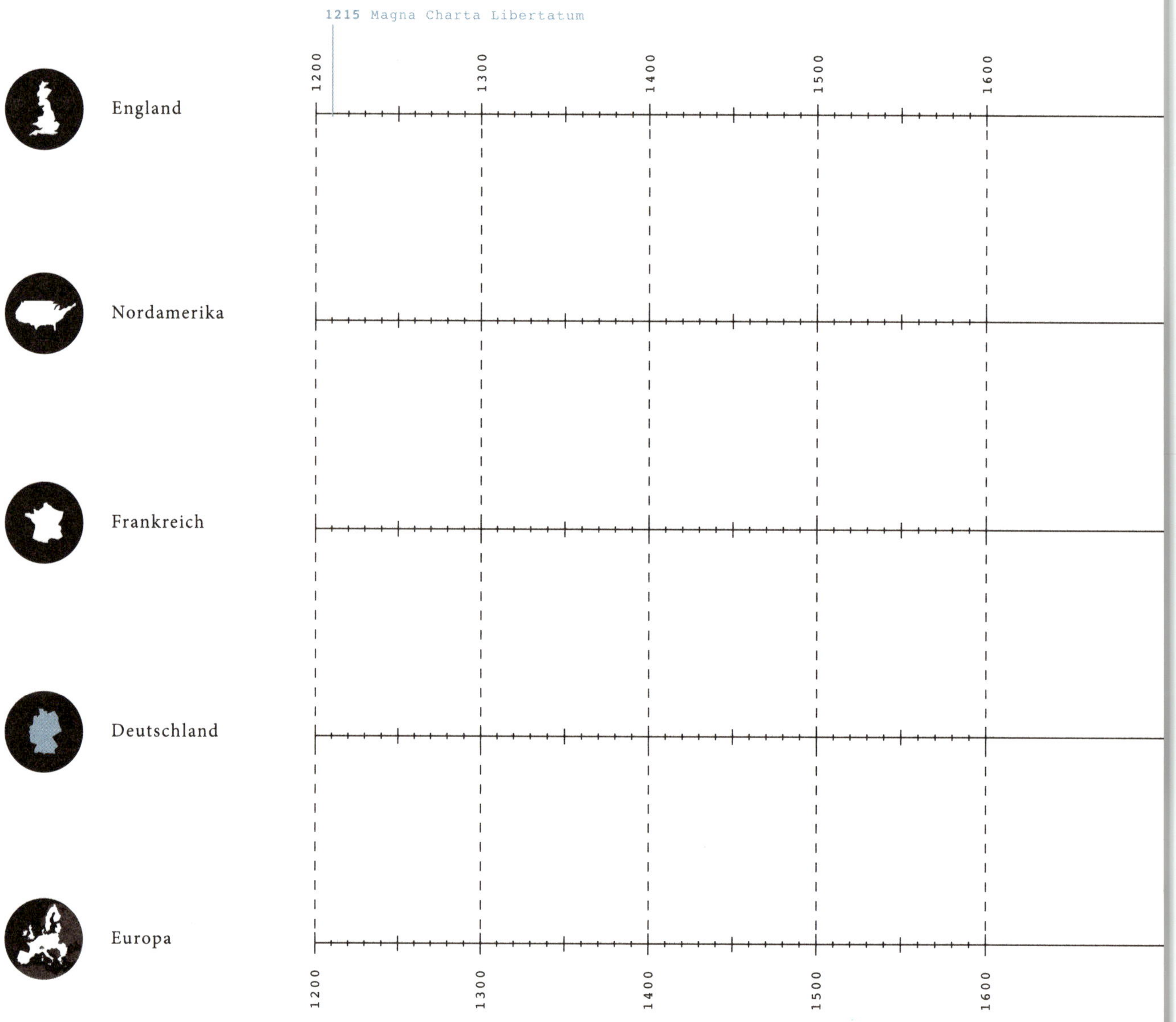

1 – SIEHE: SCHMIDT, TORSTEN: »Öffentliches Recht für Wirtschaftswissenschaftler«. Folie 01. URL: http://www.schmidt-guenther-lattermann.de/html/pdf/Torsten_Schmidt_Oeffentliches_Recht_3.pdf vom: 15.03.2013

Geschichte der Grundrechte

Die Menschenrechte entwickelten sich in einem langen Prozess von der antiken Idee des **Naturrechts** bis hin zum schriftlich festgehaltenen Grundrechtekatalog, an den die Staatsgewalt gebunden ist. Im Mittelalter zwang erstmals die *Magna Charta* einen König zur Einhaltung gewisser **Bürgerrechte**. Der erste umfassende **Grundrechtekatalog** wurde in der *Virginia Declaration of Rights* von 1776 festgehalten. Sie hatte großen Einfluss auf die Formulierungen der US-amerikanischen *Bill of Rights* und der *Erklärung der Menschen- und Bürgerrechte in Frankreich*, beide 1789. Inspiriert durch die Ideale der *Französischen Revolution* tauchte der Begriff der **Grundrechte in Deutschland** erstmals in der *Paulskirchenverfassung* auf. Doch diese erste gewählte Verfassung Deutschlands trat nie in Kraft, woraufhin die *Bismark'sche Reichsverfassung* von 1871 weitestgehend auf die Aufnahme von Grundrechten verzichtete. Erst die *Weimarer Verfassung* von 1919 nahm sie wieder auf, allerdings lediglich als Zielvorgabe, ohne Verbindlichkeit für den Staat. Die Grundrechte waren nicht durch den Bürger einklagbar und konnten durch Notverordnungen außer Kraft gesetzt werden. Erst das **Grundgesetz** sollte dies dauerhaft ändern.[2,3]

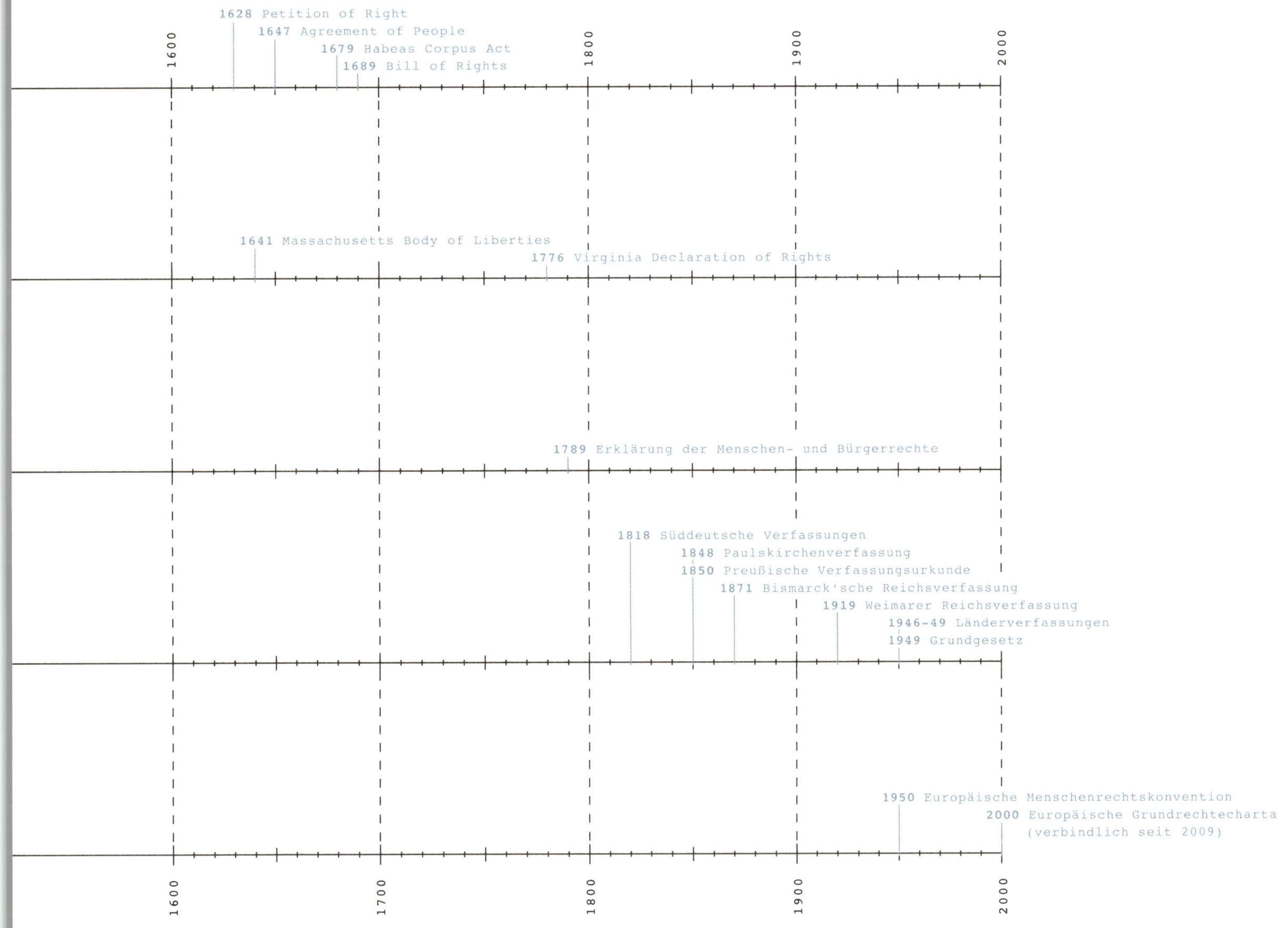

2 – SIEHE: ANWALT.DE – REDAKTIONSTEAM (2007): »Unsere Verfassung – das Grundgesetz«. Nürnberg. URL: http://www.anwalt.de/rechtstipps/unsere-verfassung-das-grundgesetz-teil-i-grundrechte-allgemein_000678.html vom: 15.03.2013

3 – SIEHE: RÜSSMANN, HELMUT (1994): »Die Grundrechte«. Einführung in das Recht. Universität des Saarlandes. Lehrstuhl für Bürgerliches Recht. URL: http://ruessmann.jura.uni-sb.de/rw20/wiwieinf/wvic4.htm vom: 15.03.2013

HÄUFIGKEIT DER WÖRTER[1]

Recht
76 ×

Pflicht
16 ×

ARTIKEL NR. GRUNDRECHTE[2]

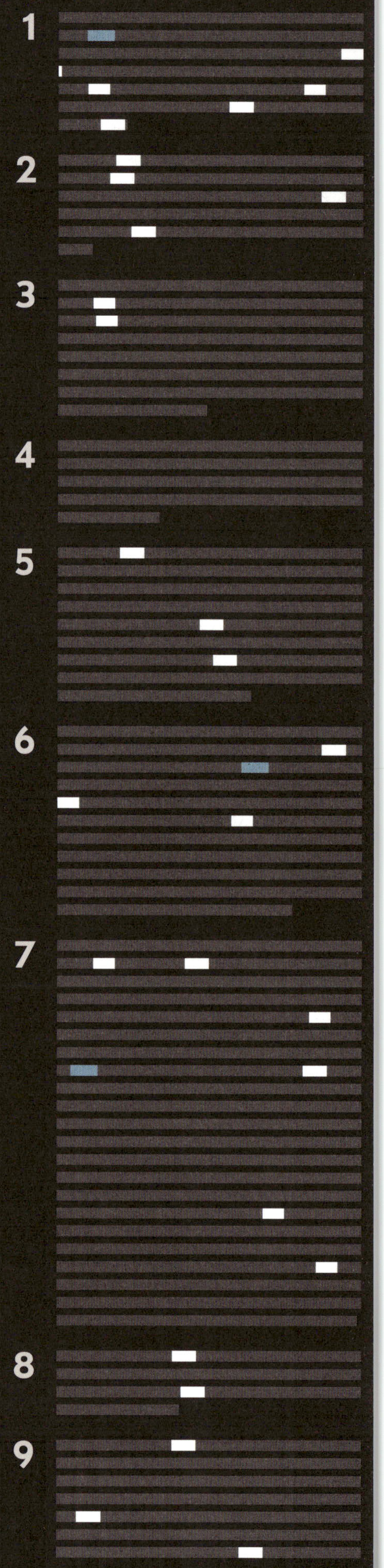

1 – **WORTZÄHLER ADOBE INDESIGN:** Ganze Wörter und Groß-/Kleinschreibung wurden ebenso berücksichtigt wie zusammengesetzte Wörter.

2 – **GRUNDRECHTE BESTEHEND AUS:** Grundrechtekatalog und Grundrechtsgleiche Rechte (siehe S. 58 / 59)

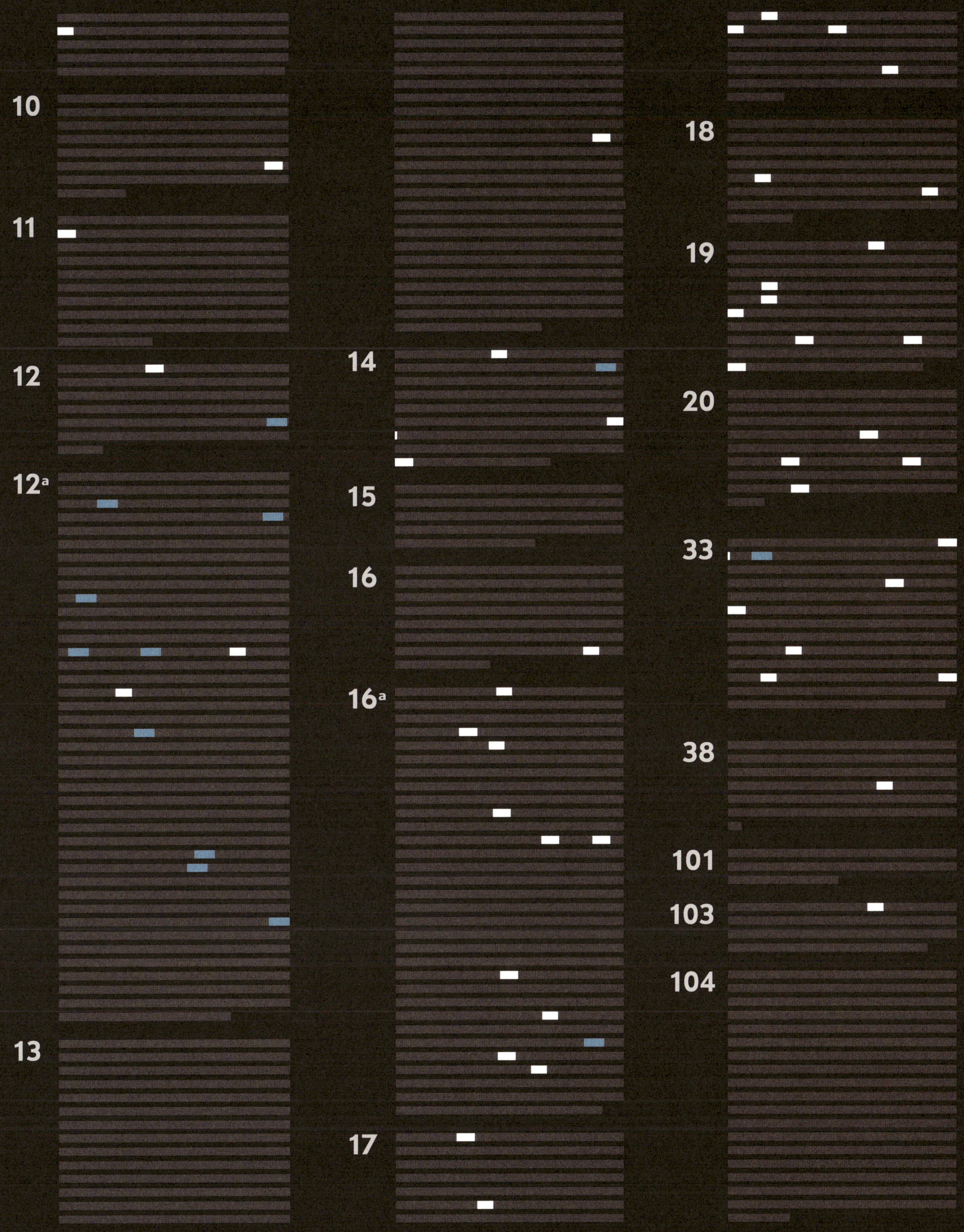
10
11
12
12a
13
14
15
16
16a
17
18
19
20
33
38
101
103
104

GRUNDRECHTE

DES EINZELNEN

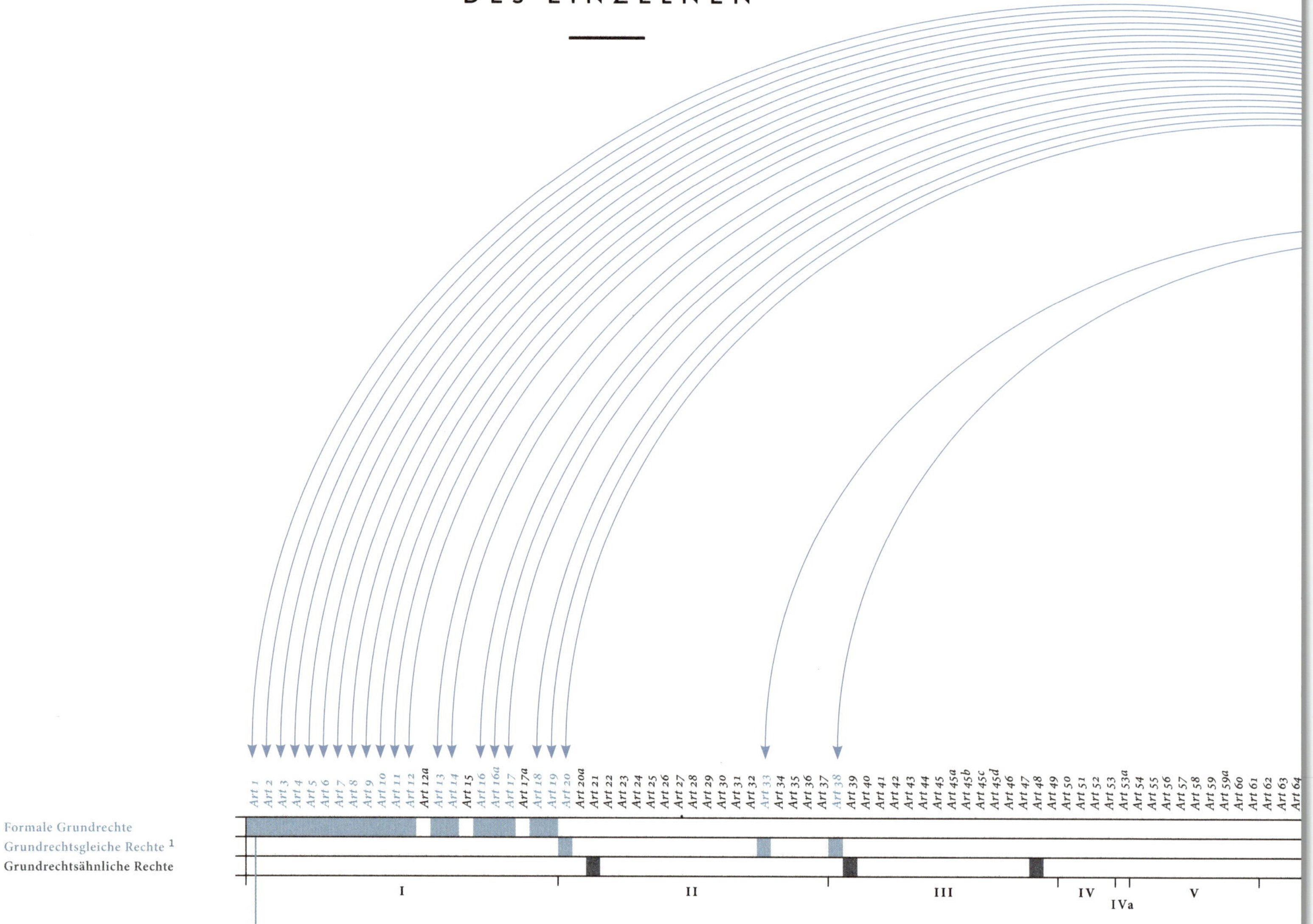

MENSCHENWÜRDE

Art. 1 Abs. 1

»Die Würde des Menschen ist unantastbar. Sie zu achten und zu schützen ist Verpflichtung aller staatlichen Gewalt.«

Nach der Erfahrung mit der Entwertung menschlichen Lebens durch die Nationalsozialisten waren sich die Mitglieder des Parlamentarischen Rates über die Bedeutung der Würde des Menschen einig.[3] *Artikel 1 Absatz 1* ist nicht nur ein **Bekenntnis** zur Unantastbarkeit der Menschenwürde, sondern macht diese gar zur **Richtschnur** allen staatlichen Handelns.

GRUNDRECHTSBINDUNG

Art. 1 Abs. 3

»Die nachfolgenden Grundrechte binden Gesetzgebung, vollziehende Gewalt und Rechtsprechung als unmittelbar geltendes Recht.«

Wurden die Grundrechte des Einzelnen in der Weimarer Republik noch vom Staat gewährt, sind sie für die Staatsgewalt der Bundesrepublik Deutschland bindend. **Legislative**, **Exekutive** und **Judikative** sind zur Einhaltung der Grundrechte verpflichtet.[4]

1 – **EINTEILUNG NACH: SCHMIDT, TORSTEN:** »Öffentliches Recht für Wirtschaftswissenschaftler«. Folie 02. URL: http://www.schmidt-guenther-lattermann.de/html/pdf/Torsten_Schmidt_Oeffentliches_Recht_3.pdf vom: 15.03.2013

2 – **SIEHE: MENZENBACH, STEFFI / ROBBE, PATRIZIA / KUHN, LENA / WILCKE, KAROLIN (2009):** »60 Jahre Grundgesetz – Zahlen und Fakten«. Berlin: Deutscher Bundestag. WD 3 – 381/09. Anlage 3, S. 2. URL: http://www.bundestag.de/dokumente/analysen/2009/60_Jahre_Grundgesetz.pdf vom: 30.01.2013

3 – **SIEHE: DEUTSCHER BUNDESTAG (HRSG.):** »Blickpunkt Spezial - Der Parlamentarische Rat und das Grundgesetz«. Berlin: Deutscher Bundestag. 2008. S. 15. URL: http://www.mitmischen.de/verstehen/infomaterial1/geschichte/Downloads/Parlamentarischer_Rat_und_das_Grundgesetz.pdf vom: 02.04.2013

4 – **SIEHE: RÜSSMANN, HELMUT (1994):** »Die Grundrechte«. In: »Einführung in das Recht«, Skript zur Vorlesung für den Fachbereich Wirtschaftswissenschaft im Sommersemester. Universität des Saarlandes. Lehrstuhl für Bürgerliches Recht. URL: http://ruessmann.jura.uni-sb.de/rw20/wiwieinf/wvic4.htm#c vom: 20.03.2013

5 – **HERVORHEBUNGEN:** durch den Autor

Die Grundrechte
Während universelle **Menschenrechte** auch ohne Verfassungstext gelten, kann von Grundrechten nur die Rede sein, wenn sie auch in einem Verfassungsdokument niedergeschrieben sind. Rein **formal** betrachtet bezieht sich der Begriff der »Grundrechte« auf den *ersten Abschnitt* des Grundgesetzes, den **Grundrechtekatalog** *(Artikel 1 bis 19)*. Darin sind allerdings nicht ausschließlich grundrechtliche Gewährleistungen enthalten, sondern auch Ergänzungen und Einschränkungen *(z.B. Art. 17a: Einschränkung der Grundrechte in besonderen Fällen)*.

Auch außerhalb des Grundrechtekatalogs sind Grundrechte zu finden, die jeder Einzelne mit einer Verfassungsbeschwerde geltend machen kann *(siehe unten: Verfassungsbeschwerde)*. Diese sogenannten **Grundrechtsgleichen Rechte** sind das *Widerstandsrecht (Art. 20 Abs. 4)*, die *Gleichstellung als Staatsbürger (Art. 33)*, das *Wahlrecht (Art. 33)* und die *Justizgrundrechte (Art. 101, 103* und *104 GG)*.

Darüber hinaus gibt es Rechte, die in ihrer Funktion für den Einzelnen mit den Grundrechten vergleichbar sind, aber nicht per Verfassungsbeschwerde verteidigt werden können. Diese Rechte werden als **Grundrechtsähnliche Rechte** bezeichnet, wie beispielsweise das *Recht auf Gründungsfreiheit von Parteien (Art. 21 Abs. 1 S. 2 GG)*.[2]

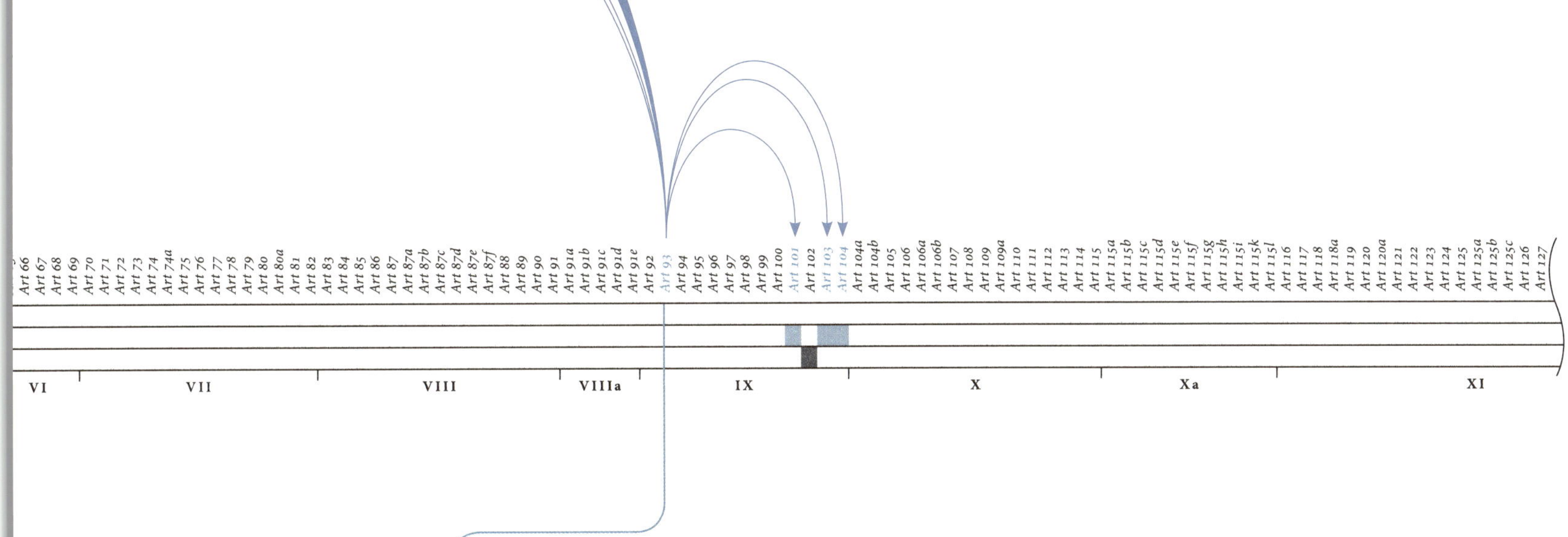

VERFASSUNGSBESCHWERDE

Art. 93 Abs. 1
»Das Bundesverfassungsgericht entscheidet:
4a. über Verfassungsbeschwerden, die von jedermann mit der Behauptung erhoben werden können, durch die öffentliche Gewalt in einem seiner Grundrechte oder in einem seiner in *Artikel 20 Abs. 4, 33, 38, 101, 103* und *104* enthaltenen Rechte verletzt zu sein.«[5]

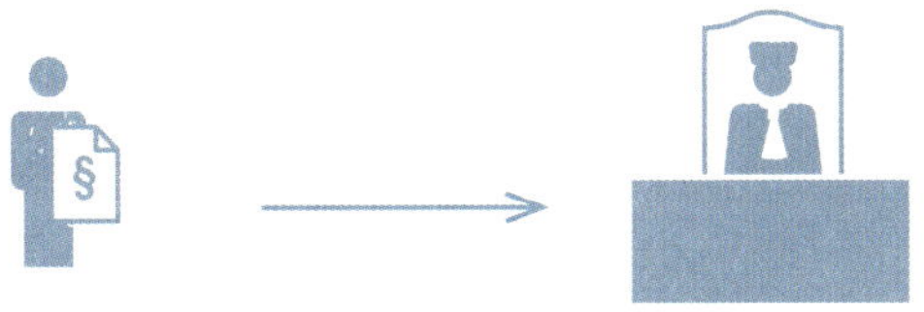

Verfassungsbeschwerde

Art. 19
+
Art. 93 Abs. 1 Nr. 4a

Bundesverfassungsgericht

Karlsruhe

Das **Bundesverfassungsgericht** ist eine hoch angesehene, von der Politik unabhängige Institution. Es ist das wichtigste **Werkzeug**, um den Staat an die Grundrechte zu binden. Fühlt sich ein Einzelner in diesen Rechten von der Staatsgewalt verletzt, hat er das Recht, beim Bundesverfassungsgericht **Beschwerde** einzureichen.[4] Seit 1951 hat es annähernd *200.000 Beschwerden* bearbeitet, mit derzeit bis zu *6.000 Neueingängen* pro Jahr.[6]

6 — **SIEHE: BVERFG (2013):** »Verfahren seit 7. September 1951 bis 31. Dezember 2012«. URL: http://www.bundesverfassungsgericht.de/organisation/gb2012/A-I-1.html vom: 01.04.2013

Artikel 1
Artikel 2
Artikel 3
Artikel 4
Artikel 5
Artikel 6
Artikel 7
Artikel 8
Artikel 9
Artikel 10
Artikel 11
Artikel 12
Artikel 12a
Artikel 13

Artikel 14
Artikel 15
Artikel 16
Artikel 16a
Artikel 17
Artikel 18
Artikel 19
Artikel 20
Artikel 33
Artikel 38
Artikel 101
Artikel 103
Artikel 104
EINTEILUNG NACH SCHUTZZWECK
FREIHEITSRECHT
GLEICHHEITSRECHT
SCHUTZRECHT
VERFAHRENSRECHT

— DIE —

GRUNDRECHTE

EINTEILUNG & FUNKTION

Menschen- und Bürgerrechte
Die Grundrechte lassen sich sowohl nach dem zu schützenden **Personenkreis** als auch nach ihrem **Schutzzweck** einteilen. Die Einteilung nach der Person lässt sich leicht an der sprachlichen Verwendung in den Grundrechten ablesen. Beziehen sich Rechte auf *»Jeden«*, *»Jedermann«*, *»Niemanden«* oder *»alle Menschen«*, so handelt es sich hierbei um **Menschenrechte**, auch **Jedermannsrechte** genannt. Diese stehen jedem Menschen von Geburt an zu *(Naturrecht)*. Ist von *»allen Deutschen«* die Rede, sind damit ausschließlich **Bürgerrechte** gemeint.[1]

Freiheits-, Gleichheits- und Unverletzlichkeitsrechte
Die Einteilung der Grundrechte nach dem Schutzzweck unterscheidet zwischen Freiheitsrechten *(z.B. Art. 5: Recht auf freie Meinungsäußerung)*, Gleichheitsrechten *(z.B. Art. 3: Gleichbehandlung vor dem Gesetz)* und Unverletzlichkeitsrechten *(z.B. Art. 13: Unverletzlichkeit der Wohnung)*. Des Weiteren garantieren Verfahrensgrundrechte faire Gerichtsverfahren.[1]

PERSON

EINTEILUNG NACH GESCHÜTZTER PERSON [2,3]

MENSCHENRECHT
BÜRGERRECHT

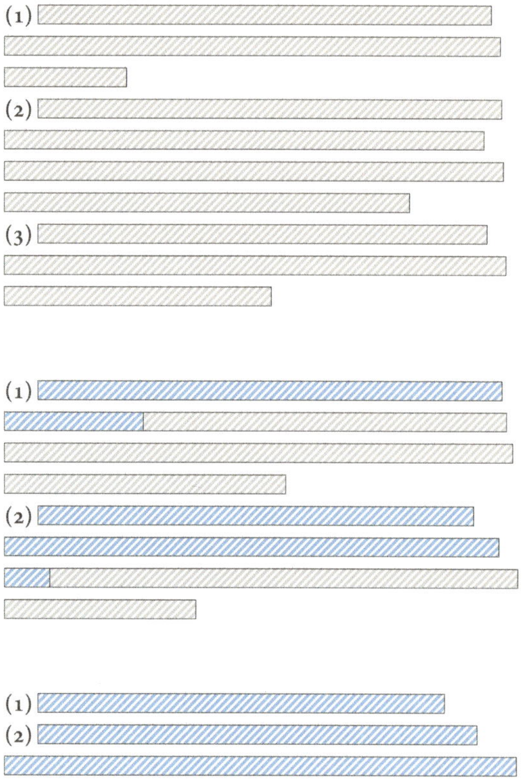

ZWECK

EINTEILUNG NACH SCHUTZZWECK [2,3]

FREIHEITSRECHT
GLEICHHEITSRECHT
SCHUTZRECHT
VERFAHRENSRECHT

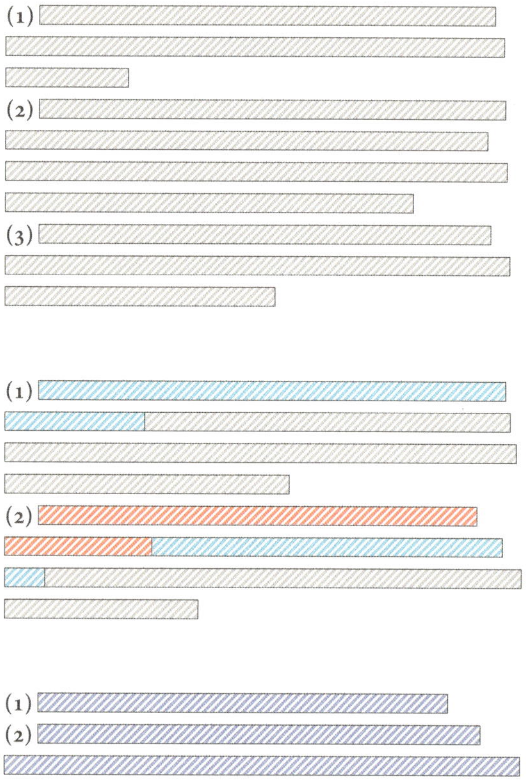

DIE GRUNDRECHTE [4]

Artikel 1
(1) Die Würde des Menschen ist unantastbar. Sie zu achten und zu schützen ist Verpflichtung aller staatlichen Gewalt.
(2) Das Deutsche Volk bekennt sich darum zu unverletzlichen und unveräußerlichen Menschenrechten als Grundlage jeder menschlichen Gemeinschaft, des Friedens und der Gerechtigkeit in der Welt.
(3) Die nachfolgenden Grundrechte binden Gesetzgebung, vollziehende Gewalt und Rechtsprechung als unmittelbar geltendes Recht.

Artikel 2
(1) Jeder hat das Recht auf die freie Entfaltung seiner Persönlichkeit, soweit er nicht die Rechte anderer verletzt und nicht gegen die verfassungsmäßige Ordnung oder das Sittengesetz verstößt.
(2) Jeder hat das Recht auf Leben und körperliche Unversehrtheit. Die Freiheit der Person ist unverletzlich. In diese Rechte darf nur auf Grund eines Gesetzes eingegriffen werden.

Artikel 3
(1) Alle Menschen sind vor dem Gesetz gleich.
(2) Männer und Frauen sind gleichberechtigt. Der Staat fördert die tatsächliche Durchsetzung der Gleich-

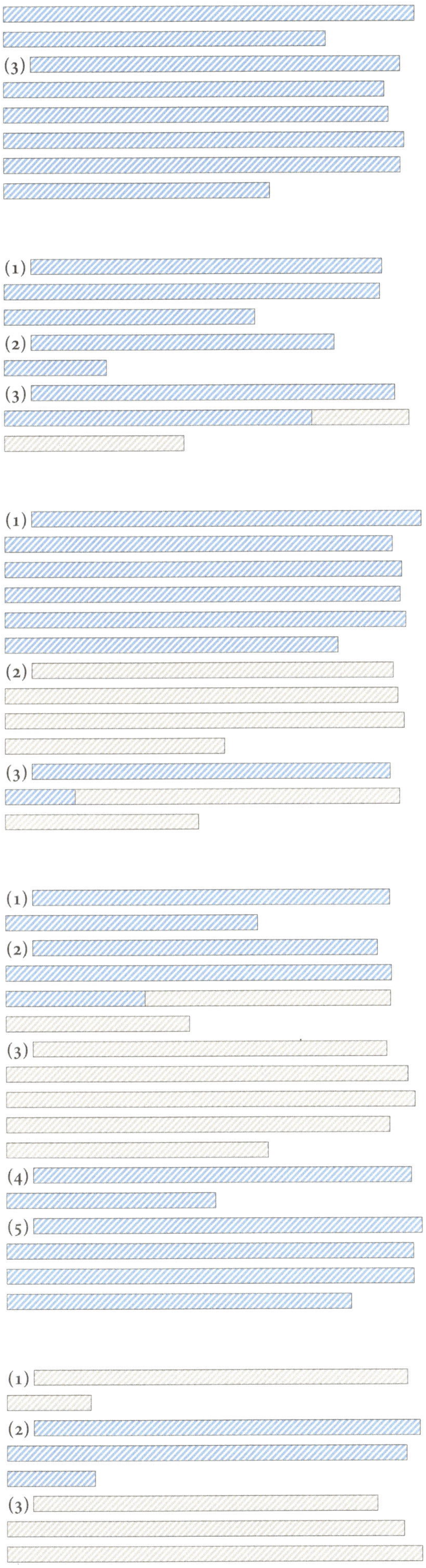

berechtigung von Frauen und Männern und wirkt auf die Beseitigung bestehender Nachteile hin.
(3) Niemand darf wegen seines Geschlechtes, seiner Abstammung, seiner Rasse, seiner Sprache, seiner Heimat und Herkunft, seines Glaubens, seiner religiösen oder politischen Anschauungen benachteiligt oder bevorzugt werden. Niemand darf wegen seiner Behinderung benachteiligt werden.

Artikel 4
(1) Die Freiheit des Glaubens, des Gewissens und die Freiheit des religiösen und weltanschaulichen Bekenntnisses sind unverletzlich.
(2) Die ungestörte Religionsausübung wird gewährleistet.
(3) Niemand darf gegen sein Gewissen zum Kriegsdienst mit der Waffe gezwungen werden. Das Nähere regelt ein Bundesgesetz.

Artikel 5
(1) Jeder hat das Recht, seine Meinung in Wort, Schrift und Bild frei zu äußern und zu verbreiten und sich aus allgemein zugänglichen Quellen ungehindert zu unterrichten. Die Pressefreiheit und die Freiheit der Berichterstattung durch Rundfunk und Film werden gewährleistet. Eine Zensur findet nicht statt.
(2) Diese Rechte finden ihre Schranken in den Vorschriften der allgemeinen Gesetze, den gesetzlichen Bestimmungen zum Schutze der Jugend und in dem Recht der persönlichen Ehre.
(3) Kunst und Wissenschaft, Forschung und Lehre sind frei. Die Freiheit der Lehre entbindet nicht von der Treue zur Verfassung.

Artikel 6
(1) Ehe und Familie stehen unter dem besonderen Schutze der staatlichen Ordnung.
(2) Pflege und Erziehung der Kinder sind das natürliche Recht der Eltern und die zuvörderst ihnen obliegende Pflicht. Über ihre Betätigung wacht die staatliche Gemeinschaft.
(3) Gegen den Willen der Erziehungsberechtigten dürfen Kinder nur auf Grund eines Gesetzes von der Familie getrennt werden, wenn die Erziehungsberechtigten versagen oder wenn die Kinder aus anderen Gründen zu verwahrlosen drohen.
(4) Jede Mutter hat Anspruch auf den Schutz und die Fürsorge der Gemeinschaft.
(5) Den unehelichen Kindern sind durch die Gesetzgebung die gleichen Bedingungen für ihre leibliche und seelische Entwicklung und ihre Stellung in der Gesellschaft zu schaffen wie den ehelichen Kindern.

Artikel 7
(1) Das gesamte Schulwesen steht unter der Aufsicht des Staates.
(2) Die Erziehungsberechtigten haben das Recht, über die Teilnahme des Kindes am Religionsunterricht zu bestimmen.
(3) Der Religionsunterricht ist in den öffentlichen Schulen mit Ausnahme der bekenntnisfreien Schulen ordentliches Lehrfach. Unbeschadet des staatlichen Auf-

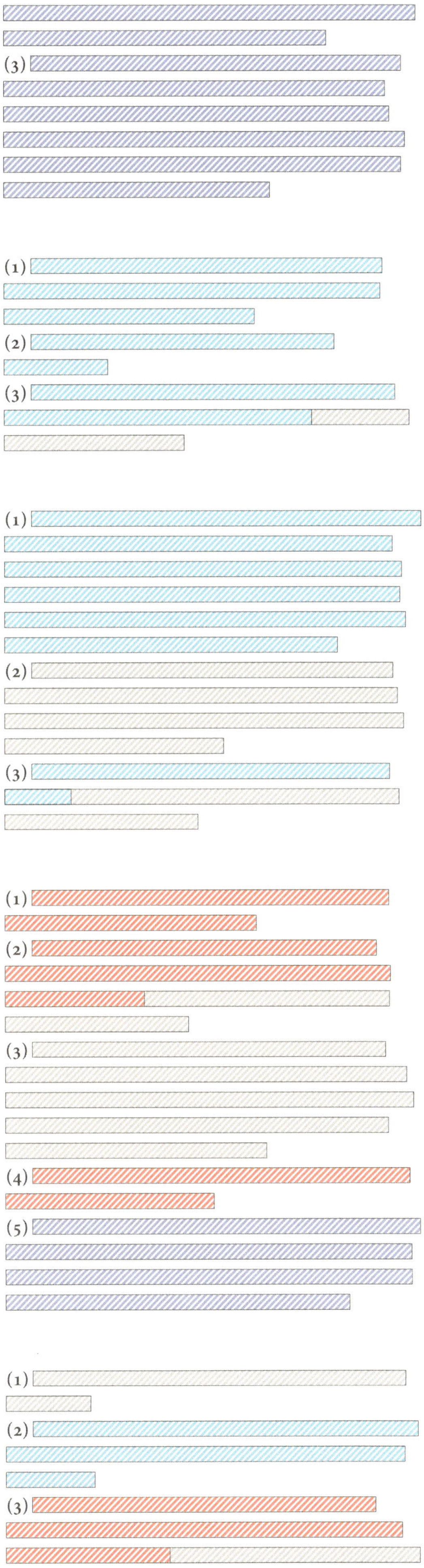

EINTEILUNG NACH GESCHÜTZTER PERSON

MENSCHENRECHT
BÜRGERRECHT

DIE GRUNDRECHTE

EINTEILUNG NACH SCHUTZZWECK

FREIHEITSRECHT
GLEICHHEITSRECHT
SCHUTZRECHT
VERFAHRENSRECHT

sichtsrechtes wird der Religionsunterricht in Übereinstimmung mit den Grundsätzen der Religionsgemeinschaften erteilt. Kein Lehrer darf gegen seinen Willen verpflichtet werden, Religionsunterricht zu erteilen.

(4) Das Recht zur Errichtung von privaten Schulen wird gewährleistet. Private Schulen als Ersatz für öffentliche Schulen bedürfen der Genehmigung des Staates und unterstehen den Landesgesetzen. Die Genehmigung ist zu erteilen, wenn die privaten Schulen in ihren Lehrzielen und Einrichtungen sowie in der wissenschaftlichen Ausbildung ihrer Lehrkräfte nicht hinter den öffentlichen Schulen zurückstehen und eine Sonderung der Schüler nach den Besitzverhältnissen der Eltern nicht gefördert wird. Die Genehmigung ist zu versagen, wenn die wirtschaftliche und rechtliche Stellung der Lehrkräfte nicht genügend gesichert ist.

(5) Eine private Volksschule ist nur zuzulassen, wenn die Unterrichtsverwaltung ein besonderes pädagogisches Interesse anerkennt oder, auf Antrag von Erziehungsberechtigten, wenn sie als Gemeinschaftsschule, als Bekenntnis- oder Weltanschauungsschule errichtet werden soll und eine öffentliche Volksschule dieser Artikel in der Gemeinde nicht besteht.

(6) Vorschulen bleiben aufgehoben.

Artikel 8

(1) Alle Deutschen haben das Recht, sich ohne Anmeldung oder Erlaubnis friedlich und ohne Waffen zu versammeln.

(2) Für Versammlungen unter freiem Himmel kann dieses Recht durch Gesetz oder auf Grund eines Gesetzes beschränkt werden.

Artikel 9

(1) Alle Deutschen haben das Recht, Vereine und Gesellschaften zu bilden.

(2) Vereinigungen, deren Zwecke oder deren Tätigkeit den Strafgesetzen zuwiderlaufen oder die sich gegen die verfassungsmäßige Ordnung oder gegen den Gedanken der Völkerverständigung richten, sind verboten.

(3) Das Recht, zur Wahrung und Förderung der Arbeits- und Wirtschaftsbedingungen Vereinigungen zu bilden, ist für jedermann und für alle Berufe gewährleistet. Abreden, die dieses Recht einschränken oder zu behindern suchen, sind nichtig, hierauf gerichtete Maßnahmen sind rechtswidrig. Maßnahmen nach den *Artikeln 12a, 35 Abs. 2* und *3, Artikel 87a Abs. 4* und *Artikel 91* dürfen sich nicht gegen Arbeitskämpfe richten, die zur Wahrung und Förderung der Arbeits- und Wirtschaftsbedingungen von Vereinigungen im Sinne des *Satzes 1* geführt werden.

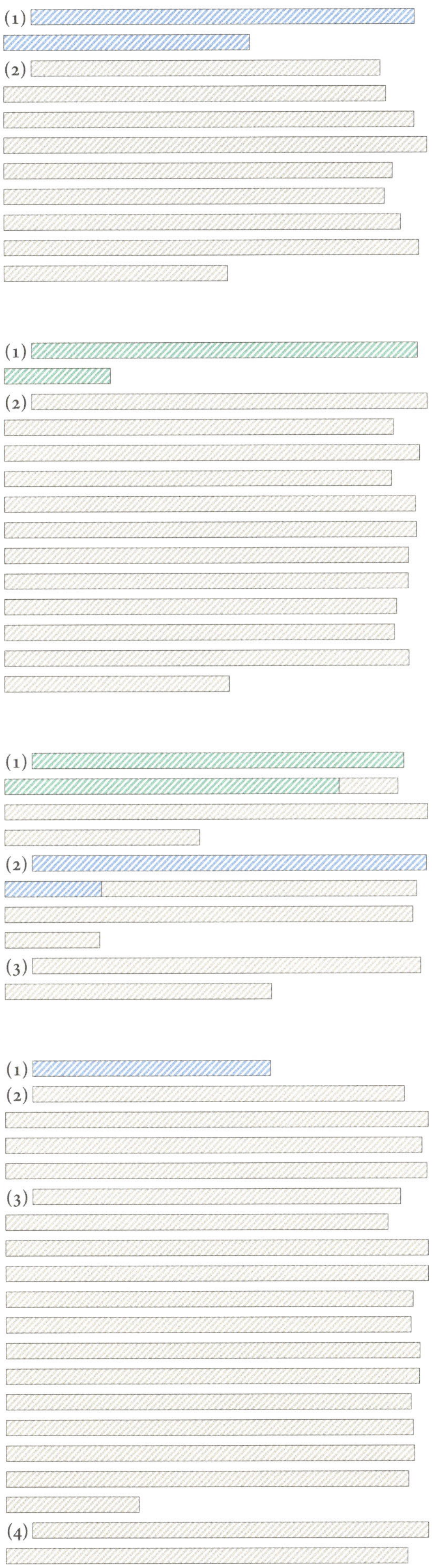

Artikel 10

(1) Das Briefgeheimnis sowie das Post- und Fernmeldegeheimnis sind unverletzlich.

(2) Beschränkungen dürfen nur auf Grund eines Gesetzes angeordnet werden. Dient die Beschränkung dem Schutze der freiheitlichen demokratischen Grundordnung oder des Bestandes oder der Sicherung des Bundes oder eines Landes, so kann das Gesetz bestimmen, daß sie dem Betroffenen nicht mitgeteilt wird und daß an die Stelle des Rechtsweges die Nachprüfung durch von der Volksvertretung bestellte Organe und Hilfsorgane tritt.

Artikel 11

(1) Alle Deutschen genießen Freizügigkeit im ganzen Bundesgebiet.

(2) Dieses Recht darf nur durch Gesetz oder auf Grund eines Gesetzes und nur für die Fälle eingeschränkt werden, in denen eine ausreichende Lebensgrundlage nicht vorhanden ist und der Allgemeinheit daraus besondere Lasten entstehen würden oder in denen es zur Abwehr einer drohenden Gefahr für den Bestand oder die freiheitliche demokratische Grundordnung des Bundes oder eines Landes, zur Bekämpfung von Seuchengefahr, Naturkatastrophen oder besonders schweren Unglücksfällen, zum Schutze der Jugend vor Verwahrlosung oder um strafbaren Handlungen vorzubeugen, erforderlich ist.

Artikel 12

(1) Alle Deutschen haben das Recht, Beruf, Arbeitsplatz und Ausbildungsstätte frei zu wählen. Die Berufsausübung kann durch Gesetz oder auf Grund eines Gesetzes geregelt werden.

(2) Niemand darf zu einer bestimmten Arbeit gezwungen werden, außer im Rahmen einer herkömmlichen allgemeinen, für alle gleichen öffentlichen Dienstleistungspflicht.

(3) Zwangsarbeit ist nur bei einer gerichtlich angeordneten Freiheitsentziehung zulässig.

Artikel 13

(1) Die Wohnung ist unverletzlich.

(2) Durchsuchungen dürfen nur durch den Richter, bei Gefahr im Verzuge auch durch die in den Gesetzen vorgesehenen anderen Organe angeordnet und nur in der dort vorgeschriebenen Form durchgeführt werden.

(3) Begründen bestimmte Tatsachen den Verdacht, daß jemand eine durch Gesetz einzeln bestimmte besonders schwere Straftat begangen hat, so dürfen zur Verfolgung der Tat auf Grund richterlicher Anordnung technische Mittel zur akustischen Überwachung von Wohnungen, in denen der Beschuldigte sich vermutlich aufhält, eingesetzt werden, wenn die Erforschung des Sachverhalts auf andere Weise unverhältnismäßig erschwert oder aussichtslos wäre. Die Maßnahme ist zu befristen. Die Anordnung erfolgt durch einen mit drei Richtern besetzten Spruchkörper. Bei Gefahr im Verzug kann sie auch durch einen einzelnen Richter getroffen werden.

(4) Zur Abwehr dringender Gefahren für die öffentliche Sicherheit, insbesondere einer gemeinen Gefahr oder

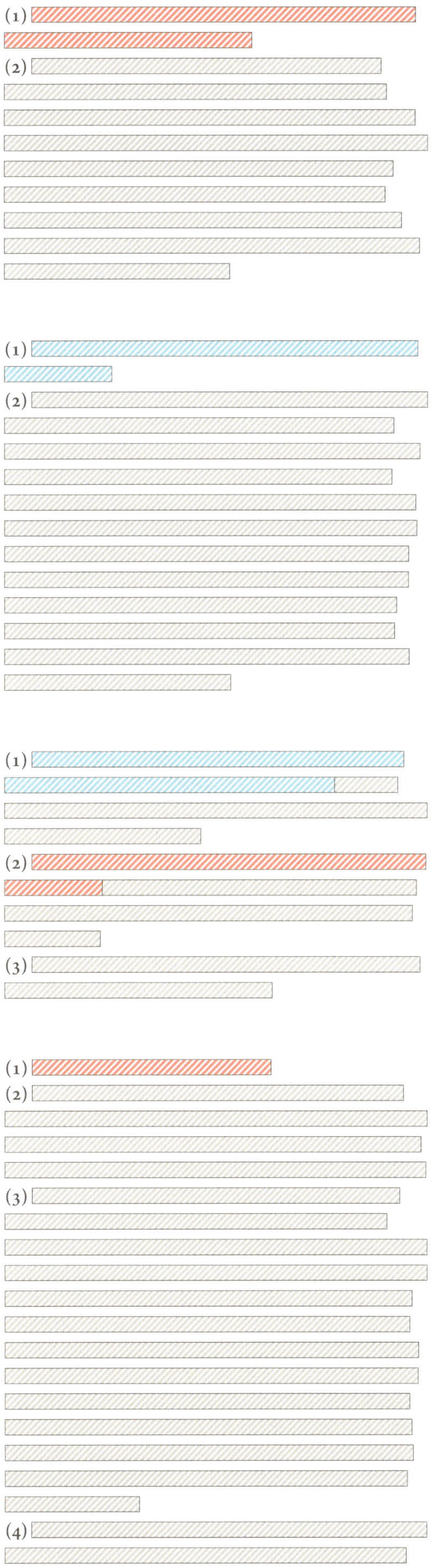

EINTEILUNG NACH GESCHÜTZTER PERSON

MENSCHENRECHT
BÜRGERRECHT

EINTEILUNG NACH SCHUTZZWECK

FREIHEITSRECHT
GLEICHHEITSRECHT
SCHUTZRECHT
VERFAHRENSRECHT

DIE GRUNDRECHTE

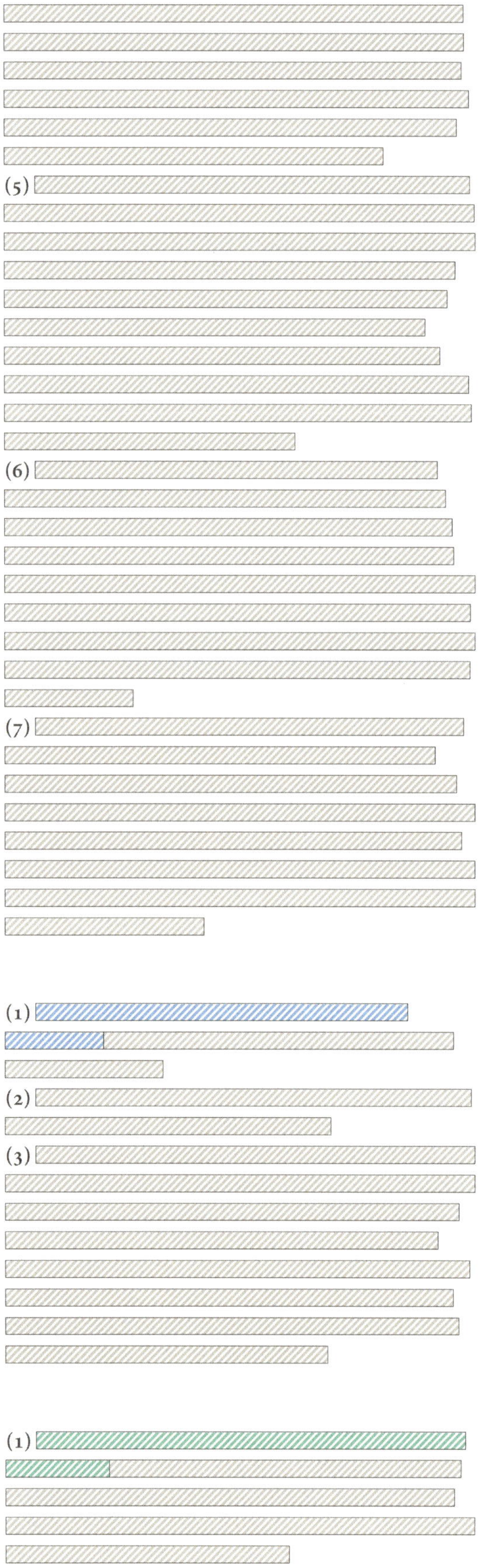

einer Lebensgefahr, dürfen technische Mittel zur Überwachung von Wohnungen nur auf Grund richterlicher Anordnung eingesetzt werden. Bei Gefahr im Verzuge kann die Maßnahme auch durch eine andere gesetzlich bestimmte Stelle angeordnet werden; eine richterliche Entscheidung ist unverzüglich nachzuholen.

(5) Sind technische Mittel ausschließlich zum Schutze der bei einem Einsatz in Wohnungen tätigen Personen vorgesehen, kann die Maßnahme durch eine gesetzlich bestimmte Stelle angeordnet werden. Eine anderweitige Verwertung der hierbei erlangten Erkenntnisse ist nur zum Zwecke der Strafverfolgung oder der Gefahrenabwehr und nur zulässig, wenn zuvor die Rechtmäßigkeit der Maßnahme richterlich festgestellt ist; bei Gefahr im Verzuge ist die richterliche Entscheidung unverzüglich nachzuholen.

(6) Die Bundesregierung unterrichtet den Bundestag jährlich über den nach *Absatz 3* sowie über den im Zuständigkeitsbereich des Bundes nach *Absatz 4* und, soweit richterlich überprüfungsbedürftig, nach *Absatz 5* erfolgten Einsatz technischer Mittel. Ein vom Bundestag gewähltes Gremium übt auf der Grundlage dieses Berichts die parlamentarische Kontrolle aus. Die Länder gewährleisten eine gleichwertige parlamentarische Kontrolle.

(7) Eingriffe und Beschränkungen dürfen im übrigen nur zur Abwehr einer gemeinen Gefahr oder einer Lebensgefahr für einzelne Personen, auf Grund eines Gesetzes auch zur Verhütung dringender Gefahren für die öffentliche Sicherheit und Ordnung, insbesondere zur Behebung der Raumnot, zur Bekämpfung von Seuchengefahr oder zum Schutze gefährdeter Jugendlicher vorgenommen werden.

Artikel 14

(1) Das Eigentum und das Erbrecht werden gewährleistet. Inhalt und Schranken werden durch die Gesetze bestimmt.

(2) Eigentum verpflichtet. Sein Gebrauch soll zugleich dem Wohle der Allgemeinheit dienen.

(3) Eine Enteignung ist nur zum Wohle der Allgemeinheit zulässig. Sie darf nur durch Gesetz oder auf Grund eines Gesetzes erfolgen, das Artikel und Ausmaß der Entschädigung regelt. Die Entschädigung ist unter gerechter Abwägung der Interessen der Allgemeinheit und der Beteiligten zu bestimmen. Wegen der Höhe der Entschädigung steht im Streitfalle der Rechtsweg vor den ordentlichen Gerichten offen.

Artikel 16

(1) Die deutsche Staatsangehörigkeit darf nicht entzogen werden. Der Verlust der Staatsangehörigkeit darf nur auf Grund eines Gesetzes und gegen den Willen des Betroffenen nur dann eintreten, wenn der Betroffene dadurch nicht staatenlos wird.

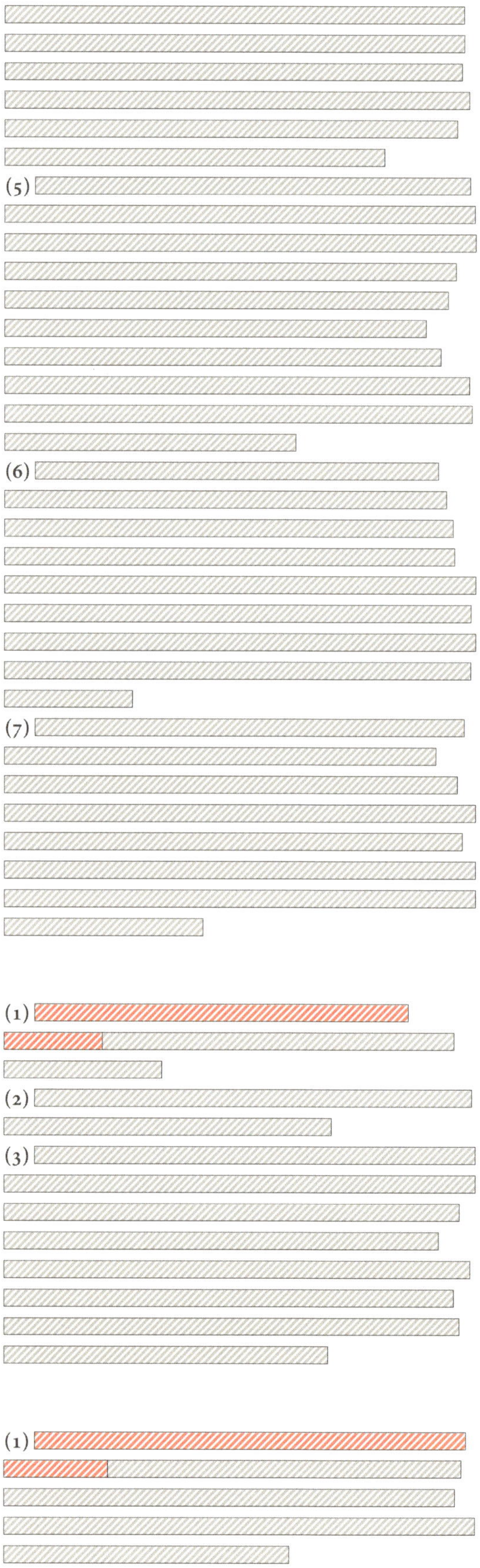

(2) Kein Deutscher darf an das Ausland ausgeliefert werden. Durch Gesetz kann eine abweichende Regelung für Auslieferungen an einen Mitgliedstaat der Europäischen Union oder an einen internationalen Gerichtshof getroffen werden, soweit rechtsstaatliche Grundsätze gewahrt sind.

Artikel 16a

(1) Politisch verfolgte genießen Asylrecht.

(2) Auf *Absatz 1* kann sich nicht berufen, wer aus einem Mitgliedstaat der Europäischen Gemeinschaft oder aus einem anderen Drittstaat einreist, in dem die Anwendung des Abkommens über die Rechtsstellung der Flüchtlinge und der Konvention zum Schutze der Menschenrechte und Grundfreiheiten sichergestellt ist. Die Staaten außerhalb der europäischen Gemeinschaften, auf die die Voraussetzungen des *Satzes 1* zutreffen, werden durch Gesetz, das der Zustimmung des Bundesrates bedarf, bestimmt. In den Fällen des *Satzes 1* können aufenthaltsbeendende Maßnahmen unabhängig von einem hiergegen eingelegten Rechtsbehelf vollzogen werden.

(3) Durch Gesetz, das der Zustimmung des Bundesrates bedarf, können Staaten bestimmt werden, bei denen auf Grund der Rechtslage, der Rechtsanwendung und der allgemeinen politischen Verhältnisse gewährleistet erscheint, dass dort weder politische Verfolgung noch unmenschliche oder erniedrigende Bestrafung oder Behandlung stattfindet. Es wird vermutet, dass ein Ausländer aus einem solchen Staat nicht verfolgt wird, solange er nicht Tatsachen vorträgt, die die Annahme begründen, dass er entgegen dieser Vermutung politisch verfolgt wird.

(4) Die Vollziehung aufenthaltsbeendender Maßnahmen wird in allen Fällen des *Absatzes 3* und in anderen Fällen, die offensichtlich unbegründet sind oder als offensichtlich unbegründet gelten, durch das Gericht nur ausgesetzt, wenn ernstliche Zweifel an der Rechtmäßigkeit der Maßnahme bestehen; der Prüfungsumfang kann eingeschränkt werden und verspätetes Vorbringen unberücksichtigt bleiben. Das Nähere ist durch Gesetz zu bestimmen.

(5) Die *Absätze 1* bis *4* stehen völkerrechtlichen Verträgen von Mitgliedsstaaten der Europäischen Gemeinschaft untereinander und mit dritten Staaten nicht entgegen, die unter Beachtung der Verpflichtungen aus dem Abkommen über die Rechtsstellung der Flüchtlinge und der Konvention zum Schutze der Menschenrechte und Grundfreiheiten, deren Anwendung in den Vertragsstaaten sichergestellt sein muss, Zuständigkeitsregelungen für die Prüfung von Asylbegehren einschließlich der gegenseitigen Anerkennung von Asylentscheidungen treffen.

Artikel 17

Jedermann hat das Recht, sich einzeln oder in Gemeinschaft mit anderen schriftlich mit Bitten oder Beschwerden an die zuständigen Stellen und an die Volksvertretung zu wenden.

Artikel 19

(1) Soweit nach diesem Grundgesetz ein Grundrecht durch Gesetz oder auf Grund eines Gesetzes einge-

EINTEILUNG NACH GESCHÜTZTER PERSON

MENSCHENRECHT

BÜRGERRECHT

EINTEILUNG NACH SCHUTZZWECK

FREIHEITSRECHT

GLEICHHEITSRECHT

SCHUTZRECHT

VERFAHRENSRECHT

DIE GRUNDRECHTE

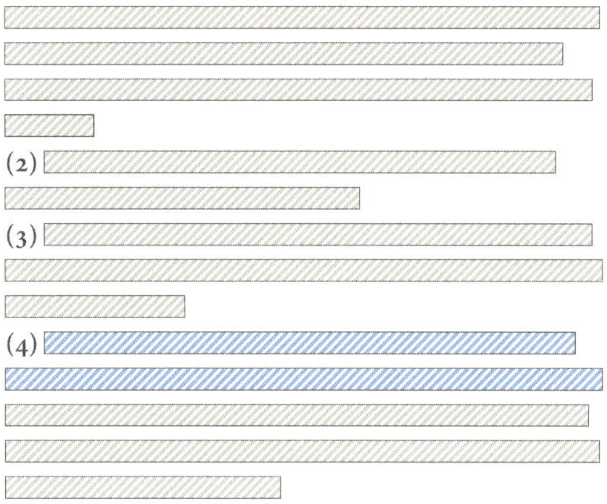

schränkt werden kann, muß das Gesetz allgemein und nicht nur für den Einzelfall gelten. Außerdem muß das Gesetz das Grundrecht unter Angabe des Artikels nennen.
(2) In keinem Falle darf ein Grundrecht in seinem Wesensgehalt angetastet werden.
(3) Die Grundrechte gelten auch für inländische juristische Personen, soweit sie ihrem Wesen nach auf diese anwendbar sind.
(4) Wird jemand durch die öffentliche Gewalt in seinen Rechten verletzt, so steht ihm der Rechtsweg offen. Soweit eine andere Zuständigkeit nicht begründet ist, ist der ordentliche Rechtsweg gegeben. *Artikel 10 Abs. 2 Satz 2* bleibt unberührt.

GRUNDRECHTSGLEICHE RECHTE

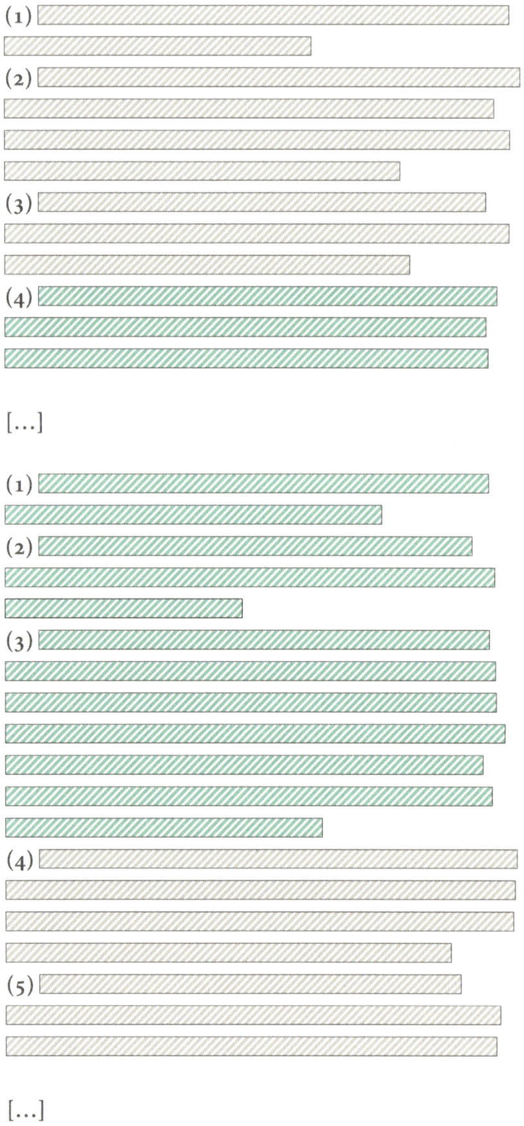

Artikel 20
(1) Die Bundesrepublik Deutschland ist ein demokratischer und sozialer Bundesstaat.
(2) Alle Staatsgewalt geht vom Volke aus. Sie wird vom Volke in Wahlen und Abstimmungen und durch besondere Organe der Gesetzgebung, der vollziehenden Gewalt und der Rechtsprechung ausgeübt.
(3) Die Gesetzgebung ist an die verfassungsmäßige Ordnung, die vollziehende Gewalt und die Rechtsprechung sind an Gesetz und Recht gebunden.
(4) Gegen jeden, der es unternimmt, diese Ordnung zu beseitigen, haben alle Deutschen das Recht zum Widerstand, wenn andere Abhilfe nicht möglich ist.

Artikel 33
(1) Jeder Deutsche hat in jedem Lande die gleichen staatsbürgerlichen Rechte und Pflichten.
(2) Jeder Deutsche hat nach seiner Eignung, Befähigung und fachlichen Leistung gleichen Zugang zu jedem öffentlichen Amte.
(3) Der Genuss bürgerlicher und staatsbürgerlicher Rechte, die Zulassung zu öffentlichen Ämtern sowie die im öffentlichen Dienste erworbenen Rechte sind unabhängig von dem religiösen Bekenntnis. Niemandem darf aus seiner Zugehörigkeit oder Nichtzugehörigkeit zu einem Bekenntnisse oder einer Weltanschauung ein Nachteil erwachsen.
(4) Die Ausübung hoheitsrechtlicher Befugnisse ist als ständige Aufgabe in der Regel Angehörigen des öffentlichen Dienstes zu übertragen, die in einem öffentlich-rechtlichen Dienst- und Treueverhältnis stehen.
(5) Das Recht des öffentlichen Dienstes ist unter Berücksichtigung der hergebrachten Grundsätze des Berufsbeamtentums zu regeln und fortzuentwickeln.

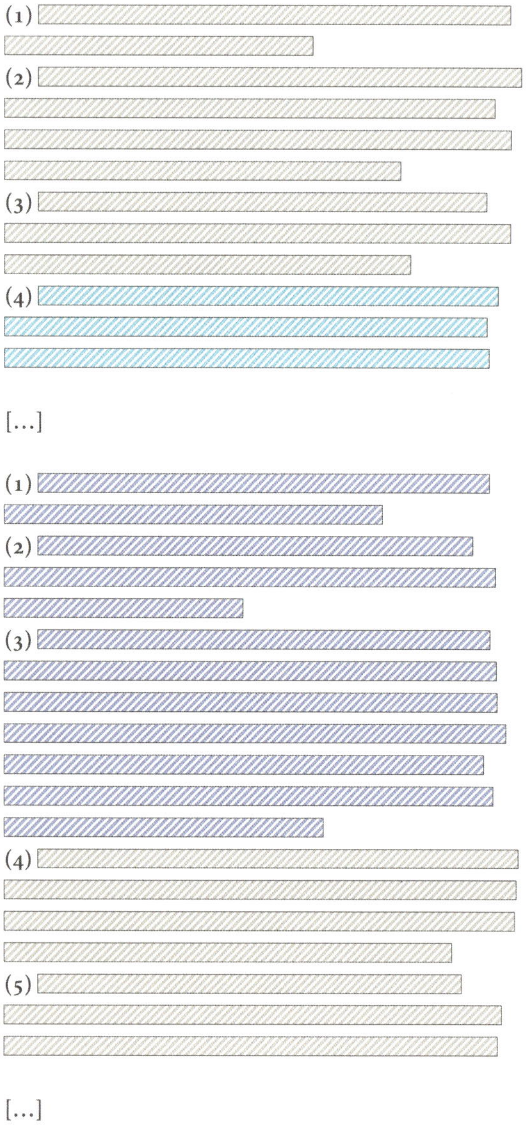

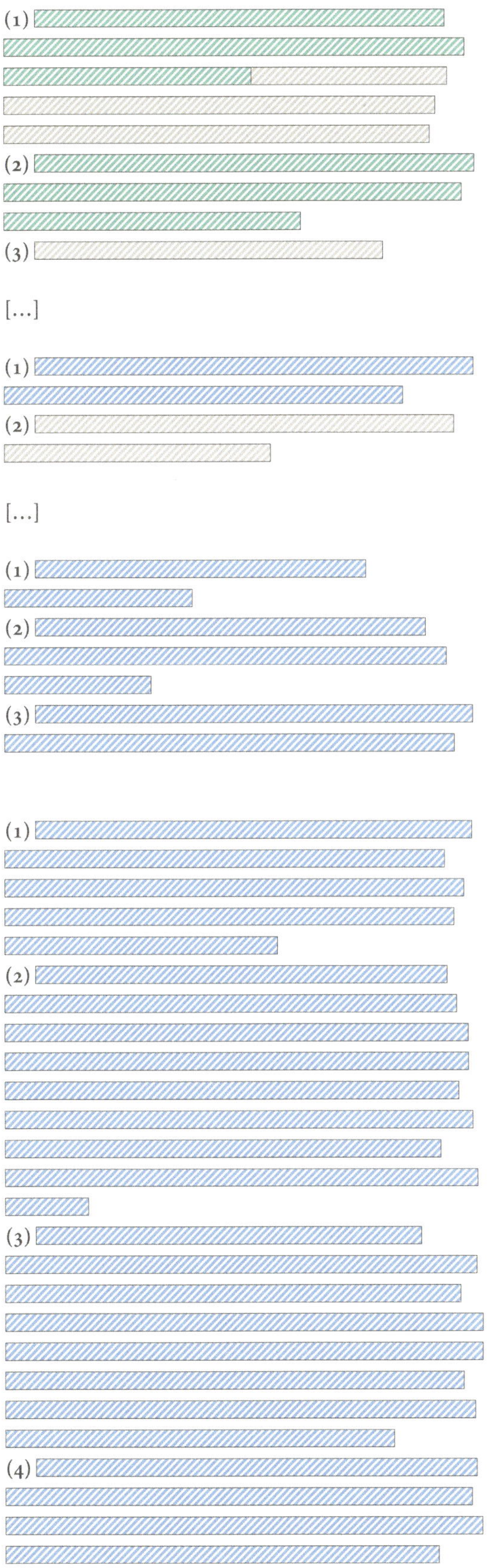

Artikel 38

(1) Die Abgeordneten des Deutschen Bundestages werden in allgemeiner, unmittelbarer, freier, gleicher und geheimer Wahl gewählt. Sie sind Vertreter des ganzen Volkes, an Aufträge und Weisungen nicht gebunden und nur ihrem Gewissen unterworfen.
(2) Wahlberechtigt ist, wer das achtzehnte Lebensjahr vollendet hat; wählbar ist, wer das Alter erreicht hat, mit dem die Volljährigkeit eintritt.
(3) Das Nähere bestimmt ein Bundesgesetz.

Artikel 101

(1) Ausnahmegerichte sind unzulässig. Niemand darf seinem gesetzlichen Richter entzogen werden.
(2) Gerichte für besondere Sachgebiete können nur durch Gesetz errichtet werden.

Artikel 103

(1) Vor Gericht hat jedermann Anspruch auf rechtliches Gehör.
(2) Eine Tat kann nur bestraft werden, wenn die Strafbarkeit gesetzlich bestimmt war, bevor die Tat begangen wurde.
(3) Niemand darf wegen derselben Tat auf Grund der allgemeinen Strafgesetze mehrmals bestraft werden.

Artikel 104

(1) Die Freiheit der Person kann nur auf Grund eines förmlichen Gesetzes und nur unter Beachtung der darin vorgeschriebenen Formen beschränkt werden. Festgehaltene Personen dürfen weder seelisch noch körperlich misshandelt werden.
(2) Über die Zulässigkeit und Fortdauer einer Freiheitsentziehung hat nur der Richter zu entscheiden. Bei jeder nicht auf richterlicher Anordnung beruhenden Freiheitsentziehung ist unverzüglich eine richterliche Entscheidung herbeizuführen. Die Polizei darf aus eigener Machtvollkommenheit niemanden länger als bis zum Ende des Tages nach dem Ergreifen in eigenem Gewahrsam halten. Das Nähere ist gesetzlich zu regeln.
(3) Jeder wegen des Verdachtes einer strafbaren Handlung vorläufig Festgenommene ist spätestens am Tage nach der Festnahme dem Richter vorzuführen, der ihm die Gründe der Festnahme mitzuteilen, ihn zu vernehmen und ihm Gelegenheit zu Einwendungen zu geben hat. Der Richter hat unverzüglich entweder einen mit Gründen versehenen schriftlichen Haftbefehl zu erlassen oder die Freilassung anzuordnen.
(4) Von jeder richterlichen Entscheidung über die Anordnung oder Fortdauer einer Freiheitsentziehung ist unverzüglich ein Angehöriger des Festgehaltenen oder eine Person seines Vertrauens zu benachrichtigen.

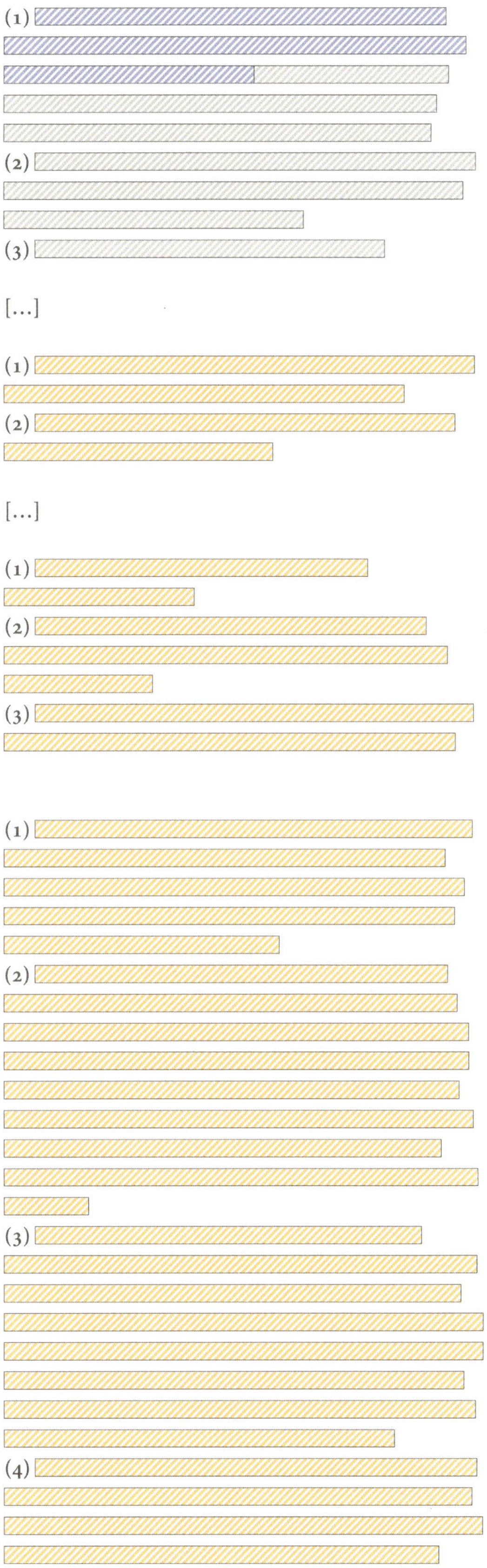

F – FOTO JUSTITIA: ER_09 / Shutterstock.com

1 – SIEHE: PÖTZSCH, HORST (2009): »Grundrechte«. Auf: Bundeszentrale für Politische Bildung. URL: http://www.bpb.de/politik/grundfragen/deutsche-demokratie/39294/grundrechte vom: 16.03.2013

2 – EINTEILUNG DER GRUNDRECHTE U. A. NACH: RÜSSMANN, HELMUT (1994): »Die Grundrechte«. In: »Einführung in das Recht«, Skript zur Vorlesung für den Fachbereich Wirtschaftswissenschaft im Sommersemester. Universität des Saarlandes. Lehrstuhl für Bürgerliches Recht. URL: http://ruessmann.jura.uni-sb.de/rw20/wiwieinf/wvic4.htm#c vom: 20.03.2013

3 – EINTEILUNG ERGÄNZEND: PHILIPPS-UNIVERSITÄT MARBURG (HRSG.) (2009): »Einführung Grundrechte«. URL: http://www.staff.uni-marburg.de/~gornig/archivos/Grundrechte_AG-_EinfuhrungSS09.pdf vom: 20.03.2013

4 – HERVORHEBUNGEN: durch den Autor

VERNETZUNG DER GRUNDRECHTE

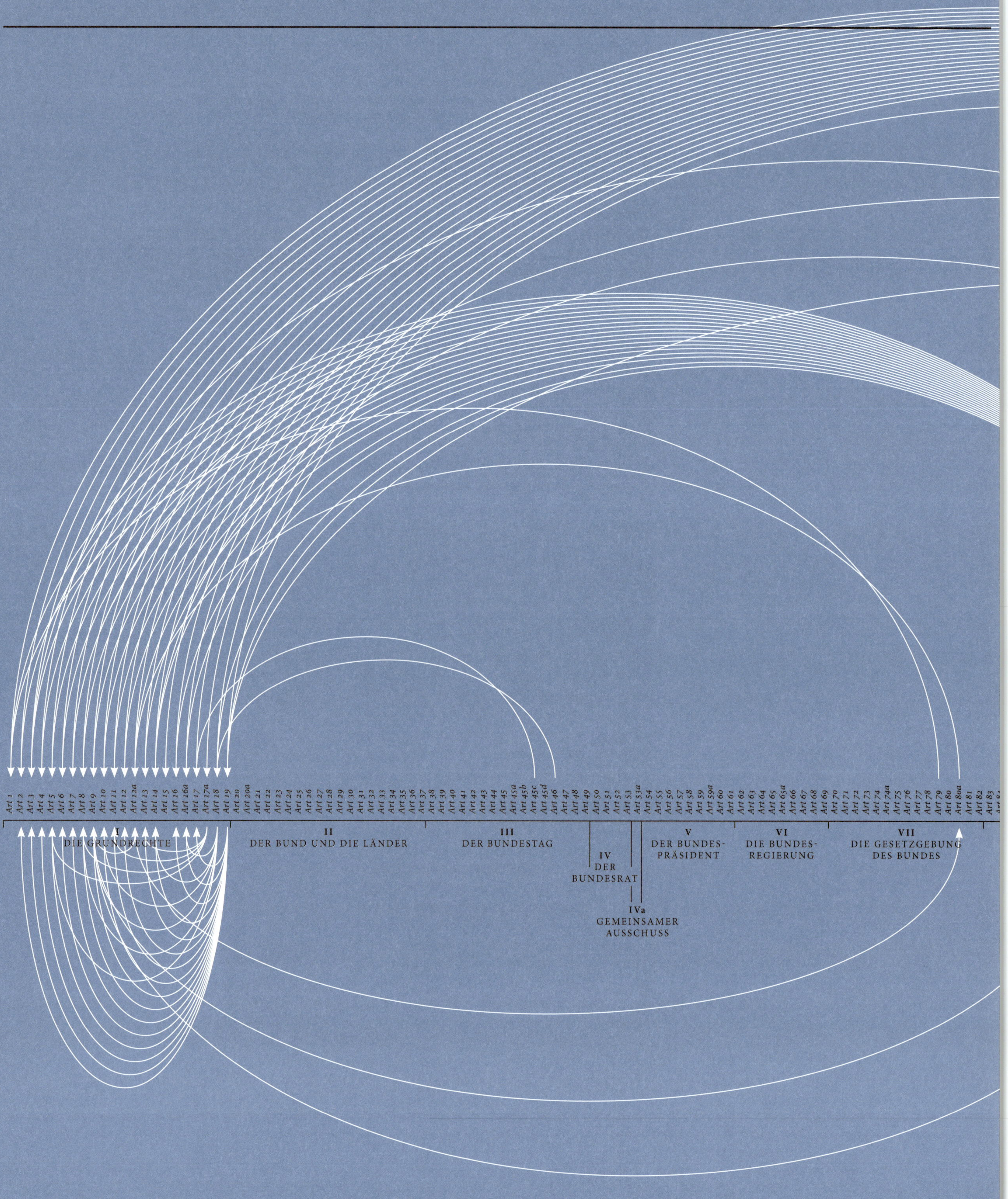

Trotz seiner Sonderstellung gegenüber den staatsorganisatorischen Katalogen ist der Grundrechteabschnitt innerhalb des Grundgesetzes keineswegs isoliert. Das Diagramm zeigt sämtliche Querverweise, die mit dem ersten Katalog in Verbindung stehen. Insgesamt 15 Artikel verweisen 70-mal auf eines der Grundrechte. Die Bögen oberhalb der Artikelachse haben ihren Ursprung außerhalb des Grundrechtekatalogs, die Bögen unterhalb entspringen diesem selbst.

DATEN SIEHE: GARCÍA, OLIVER (2013): »Grundgesetz für die Bundesrepublik Deutschland«. Querverweise. Mannheim: dejure.org Rechtsinformationssysteme GmbH. URL: http://dejure.org/gesetze/GG vom: 16.03.2013
ERGÄNZENDE QUERVERWEISE: Adobe Indesign, Suchmodus. Alle anderen Querverweise innerhalb des GG, die nicht mit den Grundrechten in Verbindung stehen, werden hier nicht berücksichtigt.

IMPRESSUM & DANK

DIESES BUCH ENSTAND IN:

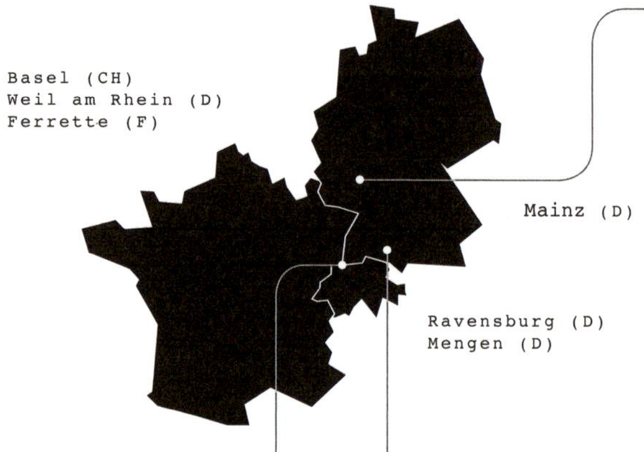

MEIN DANK GEHT NACH:

Ravensburg: Georg Engels, Michaela Gleinser, Jürgen Weltin, Ivo Hinkel, Simone Ruhm, Julian Rohrbach, alle Mitstudenten und Lehrende der SfG Ravensburg; **Göttingen:** Klaus Henning
Mengen: Reinhilde und Rudi Hofmaier
Frankfurt: Markus und Sandra Glaser; **Würzburg:** Eleonora Darscht
Haltingen: Karin Holzinger, Peter Lang
Mainz: Karin und Bertram Schmidt-Friderichs, Brigitte Raab
Basel: Marion Fink

KONZEPT, TEXT, GESTALTUNG, ILLUSTRATION, SATZ — Mike Hofmaier
www.mikhof.de, info@mikhof.de

VERWENDETE SCHRIFTEN: DTL Nobel, Minion Pro, Courier
PAPIER: Lessebo Design Smooth Natural 150 g/m² (PEFC)
DRUCK: Universitätsdruckerei H. Schmidt, Mainz
FARBEN: mineralölfreie Ökofarben von Epple
BUCHBINDEREI: Kösel, Altusried-Krugzell

VERLAG: **Verlag Hermann Schmidt Mainz**
Robert-Koch-Straße 8
55129 Mainz
Tel. 06131/506030
Fax 06131/506080
info@typografie.de
www.typografie.de
facebook: Hermann Schmidt Verlag
twitter: VerlagHSchmidt

© 2013
Verlag Hermann Schmidt Mainz und beim Autor
Erste Auflage

Alle Rechte vorbehalten.
Dieses Buch oder Teile dieses Buches dürfen nicht vervielfältigt, in Datenbanken gespeichert oder in irgendeiner Form übertragen werden ohne die schriftliche Genehmigung des Verlages.

Die Klärung der Rechte wurde vom Autor nach bestem Wissen vorgenommen. Soweit dennoch Rechtsansprüche bestehen, bitten wir die Rechteinhaber, sich an den Verlag zu wenden.

Wir übernehmen Verantwortung.
Nicht nur für Inhalt und Gestaltung, sondern auch für die Herstellung.

Das Papier für dieses Buch stammt aus sozial, wirtschaftlich und ökologisch nachhaltig bewirtschafteten Wäldern und entspricht deshalb den Standards der Kategorie »PEFC«.

Die Abwärme, die beim Drucken dieses Buches entstand, wird konsequent zur Klimatisierung der Büroräume der Druckerei, des Verlags und weiterer Mieter genutzt. So können wir weitgehend auf fossile Brennstoffe verzichten – ein kleiner Beitrag zum besseren Klima.

Außerdem ist die Druckerei FSC- und PEFC-zertifiziert. FSC (Forest Stewardship Council) und PEFC (Programme for the Endorsement of Forest Certification Schemes) sind Organisationen, die sich weltweit für eine umweltgerechte, sozialverträgliche und ökonomisch tragfähige Nutzung der Wälder einsetzen, Standards für nachhaltige Waldwirtschaft sichern und regelmäßig deren Einhaltung überprüfen. Durch die Zertifizierung ist sichergestellt, dass kein illegal geschlagenes Holz aus dem Regenwald verwendet wird, Wäldern nur so viel Holz entnommen wird, wie natürlich nachwächst, und hierbei klare ökologische und soziale Grundanforderungen eingehalten werden.

Bücher haben feste Preise!
In Deutschland hat der Gesetzgeber zum Schutz der kulturellen Vielfalt und eines flächendeckenden Buchhandelsangebotes ein Gesetz zur Buchpreisbindung erlassen. Damit haben Sie die Garantie, dass Sie dieses und andere Bücher überall zum selben Preis bekommen: Bei Ihrem engagierten Buchhändler vor Ort, im Internet, beim Verlag. Sie haben die Wahl. Und die Sicherheit. Und ein Buchhandelsangebot, um das uns viele Länder beneiden.

Printed in Germany with Love.
ISBN 978-3-87439-846-6

Artikel 146 GG

» Dieses Grundgesetz, das nach Vollendung der Einheit und Freiheit Deutschlands für das gesamte deutsche Volk gilt, verliert seine Gültigkeit an dem Tage, an dem eine Verfassung in Kraft tritt, die von dem deutschen Volke in freier Entscheidung beschlossen worden ist. «